揭開黃曆的秘密

蔡策 著

老古文化事業公司

目錄

(一)緒言

／蔡策

近幾年來，在復興基地——台、澎、金、馬，最暢銷，甚至海外歸僑所爭購的一本書，據出版界的統計，是黃帝曆。這本書亦有人定名為「農民曆」，亦有人稱他為「民曆」，或「中華民曆」、「我國民曆」。在這裡且不去討論它的名稱問題，但是它的內容則是大致相同，因為這是我中華民族祖先，黃帝所完成創制的曆法。

此一曆法，現在不須經過政府下命令推行，在民間普遍流行，基本原因是由於此一曆法，與人類的生活關係最為密切，亦最有益。這應該是不須爭論的事實。

目前西方尖端科技突飛猛進的時代背景，而這一種由我國沿用了五千多年的曆法竟然會廣泛流行起來，更具有它特殊的價值與意義：㈠為中華文化真正的有效地復興。我們知道，書法、繪畫、音樂、戲劇等藝術，固然是文化中的一環，但只是文化的重行組合而作優美，反映的復現且非普遍性。所謂文化的廣泛含義，是整個民族的，是經全民長時間的生活累積、洗鍊、陶鑄而成，共同而且永久的結晶品，所以這一與人類生活不可分的曆法，其在文化中的地位，更高於藝術層面的一環。㈡曆法在政治上的重要性。一個獨立國家的建立，有這一個獨立國家自己的正朔，甚麼是正朔呢？正就是第一個月為正月，例如夏朝以寅月為正，商朝以丑月為正，而周朝以子月為正。至於朔，就是以月圓的這一天，為望，也就是每月的第十五天為望日，而朔的開始，各代也不完全相同，例如夏朝以平旦為朔，商朝以鷄鳴為朔而周朝以半夜為朔。正朔與年號，為國家民族法統紀年的依據。如宋、明之末的遺民，皆不奉行元、清的正朔，以表示不降事外族，表現孤臣孽子，對民族國家的忠忱，近如抗戰期間，汪逆精衞，在南京設立僞政府，亦不敢擅改中華民國的年號，而中共據以出自基督教之西曆紀年，乃尊奉國際共產黨「工人無祖國」謬論，試觀世界各文明古國，都有他們自己國家的紀年，如埃及、印度、日本都這樣的，所以黃曆之普遍流行，正是對中共的一項歷史性的貶斥。㈢一個民族文化的形成，實際是來自於全民日常生活中，而這種文化，在我國記載在文字上的，首推「三禮」。「三禮」亦可以看作是上自國家領導人，下至老百姓，相互之間的生活規範，而此一規範，又與大自然的四時寒暑，月之朔望，日之晝夜相關聯結合，即所謂的天人合一的生活。換句話說，時時處處，與黃帝所創的曆法都有密切的關係，行此曆法，則大家更趨於天人合一的境界，可不賴功令而有助於社會的安和樂利的獲致。

可惜的是，竟然還有一部份人，誤指此黃帝曆爲迷信之書，當然，這不是自今日始，尤其在「五四」運動，引進西方的「民主」與「科學」以後，加上白話文的提倡，讀自己祖先典籍的人就逐漸減少，迄今不到百年，絕大多數的人，已經讀不懂自己祖先的文字，因其不懂，就信口雌黃說黃曆是迷信，實際作此批評的人是迷失了自己的文化，也迷失了他自己。另一方面，則由於崇洋的心理作祟，對自己的文化不懂，對外來的事物，雖也不懂，而一味以外來的爲是，其實這種盲目的「以外來的爲是」的心理，才是真正的迷信，以醫學爲例，中國與西方的醫術藥物，最早都是來自巫醫草藥，後來各自發展，而各有長處，亦各有短處，甚且中醫優於西醫。只是西方的醫藥學術，還趕不上來解釋中國的學術，而崇洋的人們，便指中國的醫藥爲玄、爲迷信。以人人皆知的「人參」來說，在五十年前，西方醫藥界，還指其僅爲碳水化合物，與蘿蔔相近，但見到給一些病患服用了，果然有效，他們亦從事研究，而研究迄今，也未找出合於西方科學分析中的任何物質或原素，只好說其中含有一種名爲「人參精」的物質，而肯定它的效果。還有第三種人，是以「唯物哲學」作基礎，倡「無神論」的共產黨徒，連祭祀祖先，也指爲迷信，當然更指這本曆書爲迷信了，這是別有用心，姑不究論，現在爲使大家知道這部曆書對人生的價值及意義，就其中所載的一些項目，一一略作簡單的學術性介紹，以破迷信之說，但個人所學有限，尚望博學之士，予以匡正指教，則不但爲個人之幸，也讀曆者之幸，更爲中華文化復興之幸。

㈡曆法的比較

現在，先就世界各國所用的曆法，作一比較：

黃曆

黃曆是由黃帝完成創制的，所以名爲「黃曆」，亦就是我中華民族所制定的曆法。是依據地球繞太陽及月球繞地球，兩者綜合計算而制定的曆法，所以是陰陽合計的曆法。事實上，宇宙的各大星宿，都包括在內，可以說是世界人類最完整、最適用的曆法。因爲夏朝以寅月爲每年的第一個月，謂之建寅，所以亦叫作夏曆，有的朝代以子月爲第一個月，有的以丑爲第一個月，如殷商以丑月爲第一個月，周以子月爲第一個月。呂不韋在秦世，秦以十月爲歲首，只能稱商曆、周曆或秦曆就不可稱作夏曆。然而，像在秦世，因夏曆之數「得天正」，也就是合於天道，地球繞月，四季之正，利於農事仍用夏時，所以我們現在實行的，仍以寅月爲第一個月，謂之「建寅」，因而可稱爲實行的是夏曆，但不管是建寅，或建子、建丑、基本上都是黃帝創造的黃曆，如果說成陰曆或農民曆都不是最正確的。

黃曆是以地球環繞太陽一周爲一年，以月球環繞地球一周爲一月，地球自轉一周爲一日，一日十二個時辰，即是二十四小時，而一小時爲六十分鐘，一分則爲六十秒。

這三個星球的互相繞轉爲公轉，地球的本身由西向東的右轉，叫作自轉，而在公轉的速度上，並不如地球自轉的速度是一整數，如地球繞太陽一周，約爲三百六十五日又五小時四十八分四十六秒鐘，而月亮繞行地球一周，則需約爲二十九日又十二小時四十四分二點八秒。

如上所說的，我們以地球自轉一周爲一日，以月球環繞地球一周爲一月，於是當月球運行到太陽與地球之間，成一直線，在地球上看不到月球反射的陽光時叫作朔，亦就是一月之始。當月球運行到地球在太陽與月球之間，成一直線，從地球上，可以看到月球全部反射的太陽光時，叫作望，亦就是一個月的一半，爲月之中。如緒言中所指「朔」一月的開始，各朝代之有「半夜」、「平旦」、「鷄鳴」的不同，而現行的則是「半夜」爲朔之始，而「雞鳴」相當凌晨二時，平旦相當凌晨四時。再以十二個月爲一年，并以子、丑、寅、卯、辰、巳、午、未、申、酉、戌、亥等十二地支，來作爲十二個月的名稱。而以地球繞太陽一周時，在白天最短，黑夜最長後，開始轉變爲白天增長的那一個月的「朔」開始的月爲子月。就是冬至節的那個月爲子月，然後順序下去，爲丑、寅、卯、辰、巳、午、未、申、酉、戌、亥等月。所以，在古代有時以子月爲一年的第一個月，在曆法上的名稱叫作「建子」，以丑月爲一年的第一個月，就叫作「建丑」，在夏朝，大禹治平天下的洪水之患以後，陸地增多，人民適於農牧，但在氣候上，依照地球沿黃道繞行太陽，所起的變化，分春夏秋冬四季，以寅月爲第一個月，更便於農牧的生產生活，所以「建寅」，以寅月爲第一個月，實行到現在，已經有數千年了。

再依據氣象的變化等經過實驗，以易經十二辟卦的原理，由五日一候、三候一氣、六候一節，而定出了一年的二十四節氣，也與地球沿黃道繞日運行的軌跡完全吻合，而與人類的生活關係更形密切。

由於日、月、地球，這三個星球自轉與公轉的時間，未能洽如其分的成一整數，相互之間，發生了差數，於是就有大月小月，年也有平年潤年，大月三十日，小月二十九日。全年三百五十四日。這和地球繞太陽一周的實際時間——三百六十五日又五小時四十六分四十六秒比起來，差了十一日餘，所以聚集三年的餘數三十三日餘，置一個閏年，閏年則多一個閏月，這年就有十三個月，又再過二年，又多設一個閏月，這樣平均算起來，是每十九年，有七個閏月，即十九年之中，有七年是十三個月。閏者旬也，就是旬作這所差的餘時而設月。

陽曆

陽曆又稱羅馬曆，因爲在如今二千零三十多年前即公元前四十六年，由羅馬帝國的凱撒大帝所創制的，但有許多錯誤，并不精確，到了我國明代神宗皇帝萬曆十年壬午，即一五八二年，經過教皇格列高里十三改正後，才是現在西方大多數國家普遍採行的，所以又稱西曆。現在有人誤稱爲公曆，是從西方紀年上，以公元若干年而來，所謂公元，乃以耶穌誕生之年爲年，是屬於宗教的，人事的紀年法，正如我們的朝代紀年中所謂貞觀八年，咸豐三年的政治朝代的人事紀年一樣，非天文的科學曆法，而也只是依據地球繞行於太陽作爲標準，所以最正確的名稱應爲「太陽曆」，簡稱爲陽曆。

由於地球的自轉與地球繞太陽運轉的時間，仍有差數，地球繞太陽一周，爲地球自轉三百六十五次又十四分之五點餘，所以仍訂一年爲十二個月，而分出大月，小月與平月三種計月法，大月爲三十一日、小月三十日、平月二十八日，以一、三、五、七、八、十、十二等七個月爲大月，以四、六、九、十一等四個月爲小月，以二月爲平月，一年共有三百六十五日尚差五小時又四十八分四十六秒，所以又不得不積四年的差數約共爲一天，加在二月份上爲二十九日，稱這一年爲閏年。而閏年的算法，又非依星球的運行起算，而以公元起算，自公元元年起，遇到凡是用四可以除盡的年爲閏年，二月加一天爲二十九天，但另有一項限制，用四除不盡的世紀不閏，能除盡的又算閏年，也就是每四百年有九十七個閏年，閏年爲三百六十六日，。

由此知道，西曆的「月」與月球的運行，毫無關係，而實際上，月球運行與地球之間有其非常密切的影響，如潮汐等等。與地球上的人類生活與許多生物的生態是有直接作用的，所以西曆是不完整的。

陰曆

陰曆是純粹以月球環繞地球的標準制定的，創制人爲穆罕默德，普遍通行於回教民族間，所以亦有人稱它爲回曆，陰曆全年亦是分爲十二個月，單月三十日，雙月二十九日，一年共有三百五十四日。我們知道，月球繞地球的公轉與地球的自轉，仍然有差數的，所以仍不得不設閏年。純粹陰曆的設閏法，是以三十年爲一周期，在每一周期中的第二、五、七、十、十三、十六、十八、二十一、二十四、二十六、二十九年等十一個年設閏，每逢閏年的最後一個月多一日，以與地球的自轉配合，但平均每年仍只有三百五十四天又八小時四十八分。因之陰曆的年與地球太陽的紀年法，根本無關，而有很大的差距。

例如回教的紀年，是以穆罕默德的誕生開始，以陽曆的公元六二二六年七月十六日爲回曆的元年元旦，以陰曆的曆法計算下來，陽曆的公元一九三一年時，陰曆的回曆上，已經是一三五〇年了。與陽曆算一下，陰曆每一年就少了十天又二十一小時零四十六秒。幾乎每三十五年多，就需要相差一年，每三百五十年，陰曆要多過十四個年。因此，陰曆的元旦，也許會在陽曆的五月，也許會在陽曆的十一月了。於是與季節寒暑，就更配合不起來。

比較

一、黃曆創制最早，陽曆次之。二、黃曆包含了日、月、地球乃至各行星的運行，最完整，最充實。而陽曆與陰曆，都是偏頗的。三、黃曆與人類的生活及生存，關係極爲密切的，而陰曆與陽曆，除據以計算時間以外，對於衣食起居、農牧林漁等關係少，影響少。

建言

黃曆爲民族傳統文化極重要之一環，也是極有價值之一環，是科學的，也是實用的，適用於生產、經濟、政治乃至於軍事等多方面，我們要復興文化，要發揚文化，則不限於書法，繪畫之提倡及民間技藝之薪傳。而此一更具意義與價值之一環，更不宜忽視，我們需要吸收西方今日之科技，更宜將此合乎人類需要的文化，自我發揚，推諸於全世界。大陸共黨，滅中華自己民族之正朔，奉他人宗教人物誕生之日以紀年，其愚可悲而更可歎。就其本身而言，所謂共產主義，在其思想本質上，是無神論者，是否定宗教的，其不知自立年號，而奉他人宗教教主之紀年，亦自我深刻矛盾，實不可取了。

㈢陰陽

一說到陰、陽，又往往被一些研究科技的人，認爲是一種不科學的、神祕、怪異的迷信。儘管在他們的知識範圍內，有「陽電」、「陰電」、「陽性反應」、「陰性反應」這些名辭。但是，因爲在我國的文化中，有「陰曹地府」、「陰司」、「陰陽家」以及他們所不了解的陰陽五行、干支、八卦這些自己的文化，又不信西方亦有的占卜之事，於是也把陰、陽在他們的觀念中，被列入迷信的範疇中去了。

其實不然。

關於陰、陽，這是一個非常抽象的名辭，而且祇是一種概念、看法。看來，似乎非常簡單，而事實上，是很難分辨與界說的。在一般的概念中，關於陰陽的分別，大致如下：

陽：(奇)單數，天、日、白晝、男、雄、上、南、東、熱、春、夏、左、明、顯、背部、升、動、父、乾、夫、火、盛、旦、喜、愛、清、正、實、善、好、剛、進等等。

陰：偶(雙)數，地、月、黑夜、女、雌、下、北、西、寒、秋、冬、右、暗、隱、腹部、沈、靜、母、坤、婦、水、衰、夕、怒、憎、濁、反、虛、惡、壞、柔、退等等。

以上所列舉，只是日常容易接觸到的事、物，文字、現象。事實上，宇宙之間，萬事、萬物、萬象，都可分別爲陰陽，亦都同時具有陰陽。現在列舉的上列數項，只是便利於大家，能得到一些啓發！能舉一反三，遇到某些事物現象時，知道它的陰陽所在而已。

但是，對於宇宙間的事、物、現象，欲分辨其陰、陽，又是一件相當麻煩的事。現在一般人，每在觀念上，將陰、陽視爲兩個極端，這是一種頗危險的觀念，因爲這樣一來，就容易把陰陽定死在那裡，陷在「絕對」的觀念當中，而不能靈活運用，發生變化的作用，不能發揮相輔相成相濟的功能了。因此，在前面列舉陰陽的分辨時，特別說「大致如下」，務必注意到這「大致」兩字。

我們之所以將宇宙間萬有的事、物、現象，分作陰陽，目的是在研究宇宙間萬有事、物、現象的變化，而假設了陰陽二面，所謂的分陰、分陽。孔子在說卦傳中說：「天地定位，山澤通氣，雷風相薄，水火不相射。」其中的定位、通氣、相薄、相射、以及「八卦相錯，數往者順，知來者逆。」的相錯，往來，順逆，都是宇宙萬有事、物、現象變化的自然法則與情態。

我們知道，宇宙之間，萬有事、物、現象，大自日月星辰的運行，小至自身細胞的新陳代謝，隨時隨刻都在變化之中，未曾有萬分之一的時間停止過，倘使停止，便會導致成莫大的災禍。我們既生存於此生生不息的環境之中，自身又在生生不息的變化，因之去研究其變化，是有其意義的，因之不能將陰陽定死在絕對的兩極上，也無從將其定死在絕對的兩極上。那麼，究竟該如何去分辨陰陽以作研究呢？這有幾項原則，宜加以注意：

第一：任何事、物、現象，都有其陽的一面，同時亦有其陰的一面。

第二：陽中有陰，陰中有陽。

第三：陽極生陰，陰極生陽。

姑且舉例說明：

㈠八卦中的離卦☲表日為陽，坎卦☵表月為陰，但在八卦分陰陽時，又因尚少數，尚奇，離卦列為陰卦，為中女，而坎卦列為陽卦，為中男。

㈡天干，天為陽；地支，地為陰。但天干、地支中又分陰陽，天干的甲、丙、戊、壬為陽，而乙、丁、己、辛、癸為陰。地支的子、寅、辰、午、申、戌為陽，丑、卯、巳、未、酉、亥為陰。

㈢或者說，乾☰，坤☷爲純陽、純陰之卦。純者，精也，不雜也。且看孔子如何說，他在繫辭上傳中說：「夫乾，其靜也專，其動也直，是以大生焉；夫坤，其靜也翕，其動也闢，是以廣生焉。廣大配天地，變通配四時，陰陽之義配日月。」由此應知，純者，非孤，非獨。否則孤陰則不生，獨陽則不長，倘無生長，何來陰陽的變化呢？

㈣再從時間看，一年四季，冬至日白天最短，而開始一陽生。夏至日，黑夜最短，而開始一陰生。以一天的十二個時辰來說，白天爲陽，夜晚爲陰，但白天到中午日正當中時，立即開始一陰生，漸入陰的境界，半夜子時，是完全背向太陽的時候，而開始一陽生，開始步入陽的境界矣。

宇宙間萬有事、物、現象，必有其相關對立的事、物、現象。如同爲一男人，稱其爲夫，是對其妻而言，則此「夫」爲陽，稱其爲子，是對其父而言，則此「子」又爲陰了。所以對於陰陽之辨別，宜以其相關對立的事、物、現象而爲。而對於陰陽的研究，則必須把握其變易的往、來、順、逆。莊子說得好：「生生死死，死死生生，即生即死，即死即生。」簡單的說，一個人出生這天，即開始走向死亡，換句話說，假定這個人，在世間應該活到一百歲，但他從出生那一天起，每活一天，就減少了一天。一般而言，生爲陽，活著爲陽，損爲陰，死亡爲陰。那麼「生生死死，死死生生，即生即死，即死即生。」人在活著的時候，到底是陽的現象，還是陰的現象呢？由此可知，陰陽只是表明互易互動的循環而已。

這些解說，也許所舉的例子，還嫌深奧了一點，像前面說到乾、坤兩卦的陰陽道理，可能不是未曾讀過易經的大多數人，所可以弄明白的。現在就以人人都知道，天下沒有十全十美的事情，任何一件事情，有利就有弊，有好的一面，同時也有壞的一面。更進一步說，所謂好的一面，如果換一個立場來看，却會變成爲壞的一面。同樣的道理，所謂壞的一面，假如換一個立場去評估，反而會成爲是好的一面。

以最淺的事情來說：一個人在飲食上獲得充分的營養，當然是好的一面，這是陽，但是天下沒有白吃的午餐，如欲獲得充分的營養，則必須付出金錢或其它代價。而這付出，就是損失，也就是陰了。如果顛倒過來，更換一個立場來看，保留增加財獲爲陽，而省吃儉用，以致營養不良，那又是陰了。可是，另一種觀念，以飽食終日，腦滿腸肥爲禍，而仗義疏財，扶危濟困爲福，而禍爲陰，福爲陽，又是陰陽的另一介說了。

總之，陰陽不是呆板的，不可存呆板的觀念，也不可作呆板的、極端的定論，須視立場而言，最重要的是如何去調和陰陽，使這兩面獲得和諧與平衡，所以在我國文化中，對於執政者的施政行爲，叫做燮理陰陽，調和鼎鼐，就是這個道理，國家爲政如此，治家，修身、處事，也是如此。

最後，必須作一點補充說明，前面曾引用孔子的話，一開始，他就說：「天地定位」。這個「定」豈不是定住不變了。對於這句話的第一義，我們當然是依照文字，作如此解釋，亦即是說天就是天，地就是天，不能把天視作地，把地視成天，天在上，地在下，但是，我們作進一步推究，他這一「

定」，是定於何所？是以何所而定呢？是依人而定，是以人文文化而定，以人爲中心而定。在我們頭上的爲天，在我們脚下的爲地。這就表示了，一切的文化以人爲中心，這就是人文文化，換言之，所謂文化，是以人的生活與生存爲中心，亦即一切文化服務於人類。

爲了說得更明白，作一個假定：假定我們生存在月球上，那麼地球以及太陽與其他八大行星，所有星辰，都是我們的天，而月球便是我們的地了，這仍然是「天地定位」，孔子說的話仍然是對的。

我們有了如此認識，就更易於知道陰陽變化的道理了。

㈣五行

現代的人，一談到五行—金、木、水、火、土。就將觀念停留在木材、金屬、水液、火燄及泥土這些物質上。而對「五行」的學說，妄指爲迷信。這種情形，也是由於迷信西方以唯物作基礎的自然科學，昧於自己五千年來，心物一元，天人一體的文化，所導致的錯誤結論。

五行的學說，在我中華文化中，有文字可攷的，最早見於五經中的書經—尚書。在尚書的周書中有洪範篇。所謂洪範，洪是廣大深遠的意思。古人解釋，洪者大也。範是規律的意思，亦即西方所說的定律，原則不變的規律。洪範，作白話解，勉強可譯爲偉大的定律。而古人的解釋，則更言簡而意眩。只說：「洪範者天地之大法也。」就是說洪範一篇，是陳說宇宙生生不已的大法則。

尚須補充介紹一下，洪範的作者，是殷商的箕子，據說，武王伐紂，紂自焚之後十三年，武王請問箕子，治理人民的常道，箕子就引述夏禹繼承父業後，天賜給禹王洪範九疇，以彝倫攸敍。而九疇的第一，就是「五行」，並且說：「一曰水，二曰火，三曰木，四曰金，五曰土。」又說：「水曰潤下，火曰炎上，木曰曲直，金曰從革，土爰稼穡。」再說：「潤下作鹹，炎上作苦，曲直作酸，從革作辛，稼穡作甘。」由此可知，五行的學說，原來是用以証驗施政上的得失。後來到了漢朝，經學家鄭玄（康成）注說：「五行者，言順天行氣。」這注解也沒有錯，很正確。在我國文字中「天」與「氣」二字，都是有多重意義，很難用現代的所倡白話文做到最適切的解說，現在姑且作一勉强的說法，可說成：「順應宇宙大自然的規律而生活、而作爲。」這也闡述了我中華文化，「天人合一」的哲學，也即是人類的生活、生存，是與宇宙生生不息的自然規律，相互為最密切的配合，相成而不相害，僅在短短的二十年前，科學家們尚在以我古代文化之反對「奇技淫巧」思想，阻碍了科技發展為憾。而近年全世界科學家，都在大聲疾呼：「我們的地球只有一個。」以倡「生態保護」、「環境保護」，更列作為重要的行政措施。這種正合乎我三千年前文化思想的呼聲，而現在卻稱之為進步現象了。

且回頭來説「五行」。近代自然科學，因以「唯物觀」的哲學作為基礎。而且這種唯物的觀念，薰習已久，便根深柢固。所以在一見到木、火、土、金、水這五個名辭時，就只聯想到它的物質：木材、火燄、泥土、金屬及液體的形狀而已。但，在我們天人一體，心物一元的哲學思想中，這五個名辭所代表的，並不只是可見於形狀的物質而已，乃是「順天行氣」的「氣」。

什麼是「氣」，前面説過，這是一個不易解説的字，但，這裡不得不再費一番唇舌。我民族文化中的「氣」，確切一點，應照古文作「炁」更為適當。所謂「炁」，並非指空氣，也不是指任何氣體，以現代詞彙說來，可勉强說是和「性能」相近似。而性與能，本身是無法用耳、目、鼻、舌、身、意所可求證得到，須「性」或「能」，發生了作用。而從其作用的結果上面，才能証驗出來。

於是，我中華民族的先聖先賢們，將天、地、人三者的萬有現象—性能作用的結果—歸納爲五氣：木、火、土、金、水等五行(氣)天地間的萬物，萬事，都是由此五氣之行(作用)而形成。換句話說，亦就是由於這五氣之運行，個別及相互的作用，生生不息，而有此宇宙，所以五行就代表了萬事萬物，而木、火、土、金、水便是一種符號。正如西方人，用x、y等作符號的方法是一樣的，而在我國典籍中，五行所表徵的事物，常常可以看到用到的，列表如下：

五行表

1	五行	木	火	土	金	水
2	天干	甲乙	丙丁	戊己	庚辛	壬癸
3	地支	寅卯	巳午	辰戌丑未	申酉	子亥
4	八卦（後天）	震巽	離	艮坤	乾兌	坎
5	數字（河圖）	8	7	5	9	6
6	方向	東	南	中央	西	北
7	季	春	夏	四季（長夏）	秋	冬
8	五音	角	徵	宮	商	羽
9	色	青	赤	黃	白	黑
10	味	酸	苦	甘	辛	鹹
11	五星	歲星	熒惑	鎮星	太白	辰星
12	九星	三碧四綠	九紫	二黑五黃八白	六白七赤	一白
13	五氣	風	熱（君火）	濕	燥	寒（相火）
14	五官	眼	舌	身	鼻	耳
15	五臟	肝	心	脾	肺	腎
16	五腑	胆	小腸	胃	大腸	三焦膀胱

	木	火	土	金	水
五正	句芒	祝融	后土	蓐收	玄冥
五常	仁	禮	信	義	智
五材	勇	忠	信	智	仁
五書	視	言	貌	思	聽
五欲	色欲	味欲	愛憎欲	香欲	聲欲
五性	生發	滋長	交替	肅殺	含藏
五帝	青帝靈威仰	赤帝赤熛怒	黃帝含樞紐	白帝白柏柜	黑帝叶光紀
頭面	左頰	額	鼻	右頰	頤
五雉	鷂雉	翟雉	翬雉	鷷雉	鳪雉
五嶽	泰山	衡山	嵩山	華山	恒山
五獸	木青龍	火朱雀	土勾陳螣蛇	金白虎	水玄武

	五獸	六部
木	青龍	禮部春官宗伯
火	朱雀	兵部夏官司馬
土	勾陳 螣蛇	吏部天官冢宰 戶部地官司徒
金	白虎	刑部秋官司寇
水	玄武	工部冬官司空

這個表，所說明的，只是常見的事物中，與五行的關係，姑且說，只是一種靜態的表徵，但「順天行氣」，順行是一種動態，又如何順？如何行呢？那麼在文字上，就要作一番排列了。

一般人口頭喜說成：金、木、水、火、土的順序，但正式有一種排列，是：水、火、木、金、土。是依據河圖陰陽方位之數而來，天一生水，地六成之。地二生火，天七成之。天三生木，地八成之。地四生金，天九成之。天五生土，地十成之。這在後世的運用上，較少用到，本文暫且不談，等到有機會談到易數時，再作研究。現在僅將河洛圖與五行的方法，配圖如後：

河圖與五行

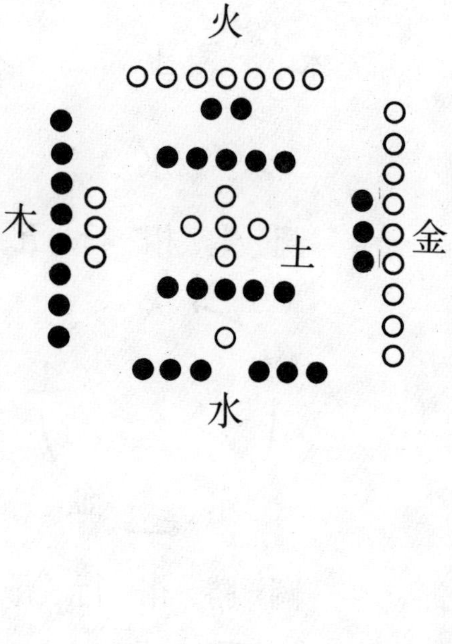

常常用到的一種排列，是依據後天八卦而來，所以次序是：

木、火、土、金、水

從此一排列次序上，除可表明五行各自的獨立性能作用外，並可表現它們相互間的交互作用，也就是所指的五行生剋。其情形如下

（相生）：木生火、火生土、土生金、金生水、水生木。

（相剋）：亦稱作相勝，其情形是：

木剋土、土剋水、水剋火、火剋金、金剋木。

這種相生相剋的現象，以圖畫表現，就可一目瞭然，易於記憶。

五行方位示意圖

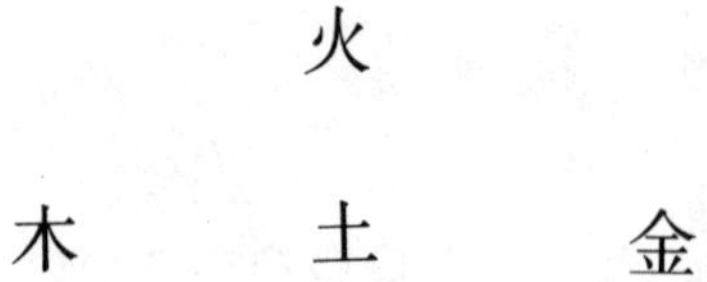

五行相生圖

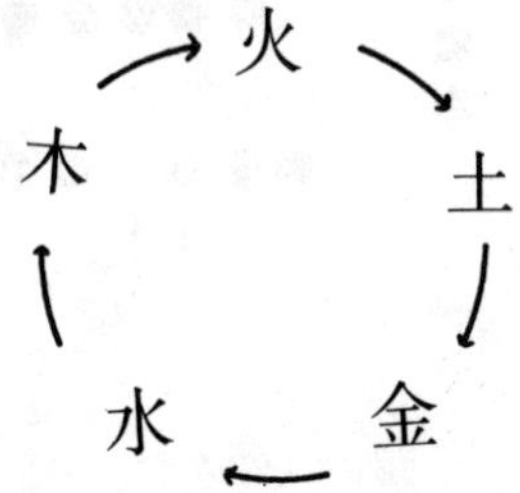

五行相勝圖

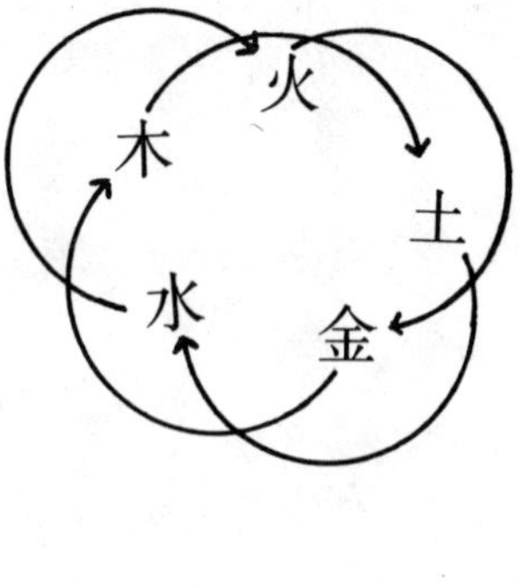

希望大家不要忽視了這個五行表和它們的生剋關係，最好能夠熟讀並且

默誦下來，然後，有機會讀到我們古代的一些典籍，就不會如墮五里霧中，而能瞭然於心，暢曉無礙了。從表中可知，五行之説，可用之於天文、地理、人事、政治、軍事、經濟、社會，尤其是生理、病理、醫理、藥理上。這是我國先聖先賢，將宇宙事物，歸納而成的五大性能功用的代表。

對五行的生、剋、刑、傷等等，我們必需了解的，這是五行氣生發起作用後，它們互動時，所產生的後果功用。上面所列舉的，也只是一些大原則，因爲五行之氣所秉賦的性能，又往往會因時間節氣、空間方位以及其本身量的多寡，有衰旺强弱之別，在互動時，所產生的後果功能，也會有所差異，這在研究五行生剋，尤其是引用到實際應用上時，需要多作推敲的，不必以爲刑傷冲剋就一定結果不好，有時某氣過旺了，反而需剋制、冲消或洩餘，總之，要獲得調和與平衡的作用。

(五)干支

干：有十，爲：甲、乙、丙、丁、戊、己、庚、辛、壬、癸。

支：有十二，爲：子、丑、寅、卯、辰、巳、午、未、申、酉、戌、亥。

相傳，干支是天皇氏所作，到黃帝時代，命大臣名大撓的，配合干支來紀日，後世衍用到紀年、紀月、紀時。而皇極經世說：「十干，天也；十二支，地也，干支配天地之用也。」後世的解釋，干支，是依照天、地的進行躔度，而規劃成的度數，天爲十度，地爲十二度，又說「干者幹也，支者枝也。」干支的配合，是一種主幹與分支的組織系統。另有一說，認爲干、支是由古代的兵器衍生而來。又後世用作等級、次序的代號，至於十天干，在術數上，所表徵的作用，則有：

㈠甲己合而爲土，乙庚合而爲金，丙辛合而爲水，丁壬合而爲木，戊癸合而爲火。即順序而迴數，凡自本位起數，與第六位起數，與第六位者相合。

㈡甲庚相沖、乙辛相沖、丙壬相沖，丁癸相沖，而順序迴數，自本位起數，與第七位爲相沖，但戊己爲土，滋生萬物，不犯沖剋。倘再依迴數，則將與甲、乙相沖，而甲、乙巳有所沖，則落重複。

㈢天干之中，其相剋者，惟丙庚相剋、丁辛相剋，丙丁皆火，庚辛皆金，爲互剋。

其次，地支本身，在術數上，亦有沖、刑、合、害之說：計有：

㈠三合：申子辰合爲水局，亥卯未合爲木局、寅午戌合爲火局，巳酉丑合爲金局，而辰戌丑未相合，叫作會成「四庫齊全」而爲土局。

㈡六合：子丑合爲土，寅亥合爲木，卯戌合爲火，辰酉合爲金，巳申合爲水，午未合爲火。

㈢六冲：子午冲、卯酉冲、寅申冲、巳亥冲、辰戌冲、丑未冲。

㈣六害：子未害、丑午害、寅巳害、卯辰害、申亥害、酉戌害。

㈤刑傷：子刑卯、丑刑戌、寅刑巳、卯刑子、辰自刑、巳刑申、午自刑、未刑丑、申刑寅、酉自刑、戌刑未、亥自刑。

地支的生肖問題。

關於十二地支的生肖，一般人雖然都很熟悉，但在這裏，仍然列舉一下：

子肖鼠、丑肖牛、寅肖虎、卯肖兔、辰肖龍、巳肖蛇、午肖馬、未肖羊、申肖猴、酉肖雞、戌肖犬、亥肖豬。於是，也叫作爲十二獸與地支相配。

這種以動物來配時間，以爲代號的方法，我國固然古已有之。而在其他古老的民族，如印度、如埃及，亦有之，而且所配的動物，都大同小異，現在西方流行的星命之術，也同樣有十二星座，又稱十二宮，而且每一宮與時間上月份的配合，也和我國曆法中，二十四節氣的十二節時間相吻合。具體言之，由吉普賽人所創制的十二宮，亦係依據天文——宇宙星球而來。例如他們以陽曆一月二十一日至二月十九日出生的人，則爲瓶宮（寶瓶座）而依此推算，與我國二十四節氣對照，則正是大寒氣之後，至雨水氣之間，其中心日期爲立春節，即約在立春前的十五日到立春後的十五日，和我國以十二辟卦所示亦相符，而其星座，也有馬、牛、羊等。

現列表對照如下：

寶瓶座：一月二十一日至二月十九日，立春前後。

雙魚座：二月二十日至三月二十日，驚蟄前後。

白羊座：三月二十一日至四月二十日，清明前後。

金牛座：四月二十一日至五月二十一日，立夏前後。

雙子座：五月二十一日至六月二十一日，芒種前後。

巨蟹座：六月二十二日至七月二十三日，小暑前後。

獅子座：七月二十四日至八月二十三日，立秋前後。

室女座：八月二十四日至九月二十三日，白露前後。

天秤座：九月二十四日至十月二十三日，寒露前後。

天蠍座：十月二十四日至十一月二十二日，立冬前後

人馬座：十一月二十三日至十二月二十一日，大雪前後。

摩羯座：十二月二十三日至一月二十日，小寒前後。

由此看來，不問是鼠、牛、虎、兔也好，白羊、金牛、獅子、蠍子也好。只是爲時間，給予一個代名詞而已。並不能視爲在某年，或某月，或某日，或某時出生的人，就具備了此年、月、日、時所配屬動物的性能功用。具體的說，鼠年生的人個性並不一定和老鼠一樣，龍年生的人，亦不一定就具有龍的本領。

中國文化中，十二地支所配的十二獸，在人們習慣的觀念上、情感上，有的厭惡，有的懼怕，有的敬重，有的輕鄙。但實際上，都各有其好的一面，如對雞而言，古人就認爲雞有文、武、勇、仁、信等五德，老鼠，出則謹慎，退則迅速，也含於賢者重進輕退之德。

幾千年來，我中華民族都崇尚龍，現在一般人更喜歡在龍年生孩子，謂之「龍子」。這裏順便略談龍，龍這生物到底是什麼樣子呢？姑且作一概略之說。第一，中華文化中的龍，絕非西方人所想像中的巨型爬蟲——恐龍。第二，現在我們所畫、所雕、所塑、所製的龍，是否即是龍的真正形態，不得而知，因爲從我國文獻記載中看，曾經真正見過龍的，只有一個人，那就是春秋時代一個小國——葉的諸侯葉公。據說，他非常好龍，那麼他在他的辦公處、住處、牆上、樑上、柱上、器皿衣服上，都繪畫上龍。有一天真正的龍來到他面前，他却被這真的龍嚇死了。所以他見到的龍究竟如何，是否即和他所畫的一樣，仍然無從考證。頂多我們只能說，後世所畫龍，是和葉公所畫的一樣而已。第三，最重要的，是從古籍上如「雲從龍，風從虎」的這類著作中，我們可以綜合出龍的精神來，即是：龍能飛躍於天空，能騰行於陸上，能游行於淵海，無往而不利，龍或隱或現，能屈能伸，大至充塞兩間，小至納於芥子。而見首不見尾，從不全現，能施雲佈雨。又能倒海翻江，以懲善罰惡，而變化莫測。龍不被人所役，而其隱現必有時，作爲必以德。大易乾卦的六爻說：「初九潛龍勿用，九二見龍在田，九三君子終日乾乾，九田或躍在淵，九五飛龍在天，上九亢龍有悔。」在整個乾卦中，將龍的精神，性格，功用，闡釋得最爲詳確了。具備這些乾德的就是龍，不必在龍年出生的才是龍。

再談干與支的配合，亦就是一般所稱的「六十甲子」。它用在紀年上，亦用在紀月，紀日及紀時上，都是以六十年爲一周期，因爲天干是十個，地支是十二個，兩者相比，十與十二的最小公倍爲六十，所以是六十爲一周期，而十爲一旬，亦即六旬一周期。它的次序如下：

第一旬：甲子，乙丑，丙寅，丁卯，戊辰，己巳，庚午，辛未，壬申，癸酉。

第二旬：甲戌，乙亥，丙子，丁丑，戊寅，己卯，庚辰，辛巳，壬午，癸未。

第三旬：甲申，乙酉，丙戌，丁亥，戊子，己丑，庚寅，辛卯，壬辰，癸巳。

第四旬：甲午，乙未，丙申，丁酉，戊戌，己亥，庚子，辛丑，壬寅，癸卯。

第五旬：甲辰，乙巳，丙午，丁未，戊申，己酉，庚戌，辛亥，壬子，癸丑。

第六旬：甲寅，乙卯，丙辰，丁巳，戊午，己未，庚申，辛酉，壬戌，癸亥。

到了第七旬，又從甲子開始，俗語即說六十甲子輪流轉，或六十花甲輪流轉。所謂「花」甲，是指干支有規律的間隔而相配，有如一整齊的圖案，所以俗名之爲「花甲」。

而每六旬稱作一「元」，第一個六十花甲爲上元，第二個六十花甲爲中元，第三個六十花甲爲下元，依照我中華民族幾千年來的悠久曆法計算，民國七十三年（即西曆一九八四）年爲甲子年，是下元甲子的開始，到民國一百三十三(二〇四四)年，又是另一個上元甲子的開始。

依據上面干支相配的排列，我們可以顯然的看到，每一旬中，有兩個地支，排列不進去，而這兩個排列不進去的地支，即被稱作「孤虛」或「空亡」。這六旬的空亡是：

㈠甲子旬戌亥爲空亡。㈡甲戌旬申酉爲空亡。㈢甲申旬午未爲空亡。㈣甲午旬辰巳爲空亡。㈤甲辰旬寅卯爲空亡。㈥甲寅旬子丑爲空亡。

天干、地支，本身各分陰陽，而是以奇數爲陽，偶數爲陰而論的，其分別如下：

天干：陽甲、丙、戊、庚、壬。
　　陰乙、丁、己、辛、癸。
地支：陽子、寅、辰、午、申、戌。
　　陰丑、卯、巳、未、酉、亥。

依此，我們可以看出來，在六十甲子中，陽干必與陽支配，陰干必與陰支配，不可紊亂。

干支本身各自與五行的配合，見於五行表，干與干，支與支，自身相配合與五行的關係，也如上述。但干支五行，在與四季的配合上，又有一特殊之處，即是有所謂「長夏」。

一年之中，分春、夏、秋、冬四季。一年以三百六十日計。每季爲三個月即九十天，而加入一個長夏後，則成爲五季，每季七十二天。那麼長夏到底是自幾月至幾月呢？它是分佈在每季的最後十八天，如春季的最先七十二天爲春季，最後的十八天爲長夏，其餘夏、秋、冬各季均如此，於是長夏與五行，干支的配合，均見於五行表中了。

但在干支相互配合爲甲子，乙丑，丙寅，丁卯等六十花甲後，又另外各有五行的作用。且以其性能功用的强弱，詳作形容，這項配合，名之爲納音：

(一)甲子乙丑海中金。(二)丙寅丁卯爐中火。(三)戊辰己巳大林木。(四)庚午辛未路旁土。(五)壬申癸酉劍鋒金。(六)甲戌乙亥山頭火。(七)丙子丁丑澗下水。(八)戊寅己卯城頭土。(九)庚辰辛巳白蠟金。(十)壬午癸未楊柳木。(十一)甲申乙酉泉中水。(十二)丙戌丁亥屬上土。(十三)戊子己丑霹靂火。(十四)庚寅辛卯松柏木。(十五)壬辰癸巳長流水。(十六)甲午乙未沙中金。(十七)丙申丁酉山下火。(十八)戊戌己亥平地水。(十九)庚子辛丑壁上土。(二十)壬寅癸卯金箔金。(廿一)甲辰乙巳覆燈火。(廿二)丙午丁未天河水。(廿三)戊申己酉大驛土。(廿四)庚戌辛亥釵釧金。(廿五)壬子癸丑桑柘木。(廿六)甲寅乙卯大溪水。(廿七)丙辰丁巳沙中土。(廿八)戊午己未天上火。(廿九)庚申辛酉石榴木。(三十)壬戌癸亥大海水。

干支最多用於紀年、紀月、紀日及紀時，而在典籍中，古人又喜用別名，根據爾雅的紀載其別名如下：

㈠用在紀年上：

甲爲「閼逢」·乙爲旃蒙·丙爲柔兆·丁爲强圉·戊爲著雍·己爲屠維·庚爲上章·辛爲重光·壬爲玄黓·癸爲昭陽。

子爲困敦·丑爲赤奮若·寅爲攝提格·卯爲單閼·辰爲執徐·巳爲大荒落·午爲敦牂·未爲協洽·申爲涒灘·酉爲作噩·戌爲閹茂·亥爲大淵獻。

㈡用在紀月上

甲爲畢·乙爲橘·丙爲修·丁爲圉·戊爲厲·己爲則·庚爲窒·辛爲塞·壬爲終·癸爲極。

子爲辜·丑爲涂·寅爲陬·卯爲如·辰爲病·巳爲余·午爲皐·未爲且·申爲相·酉爲壯·戌爲玄·亥爲陽。

例如民國七十三年甲子·四月己巳·初五日己巳。即可寫作閼逢困敦，則余・上已・（己巳爲初五，故稱上已・十五爲仲已・二十五爲下已矣。）

十二時的文學名稱：子——夜半・丑——雞鳴・寅——平旦・卯——日出・辰——食時・巳——隅中・午——日中・未——日映・申——哺時・酉——日入・戌——黃昏・亥——人定。

在我國的西北少數民族，紀年的用辭，又不用干支，而用五行與廿二獸，例如木鼠、火兔、金蛇、水狗、土鷄、等等。看起來，好像與我們慣用的六十甲子不同，其實那只是文字表面的變體而已，本質上，仍然是從六十花甲的干支，演變而來，僅作稍稍推究，就非常明白了。

如前所述，那麼鼠就是地支的子，而子爲奇數，奇爲陽。在干支相配時，一定是陽干配陽支，陰干配陰支，不可能陽干配陰支或陰干配陽支的。現在我們知道了鼠的地支的子，是陽支，那麼上面的木，就一定是天干五行中的陽木甲了，就以「木鼠」就是「甲子」了。如此類推，則「火鼠」爲「丙子」、「土鼠」爲「戊子」、「金鼠」爲「庚子」、「水鼠」爲「壬子」

了。如地支改爲牛，則牛爲丑，爲陰，配天干五行之陰，而成「木牛」爲「乙丑」、「火牛」爲「丁丑」、「土牛」爲「己丑」、「金牛」爲「辛丑」、「水牛」爲「癸丑」。餘此類推。

另外，在京房易中，又有將天干、地支，納入八卦的卦爻之中的方法，叫做納甲，這是用在卜筮之中，就不在這裡多說了。

㈥二十四節氣

這是我中華民族祖先，黃帝所創制的曆法中，所獨有的節氣。

二十四節氣的名稱是：立春、雨水、驚蟄、春分，清明、穀雨、立夏、小滿、芒種、夏至、小暑、大暑、立秋、處暑、白露、秋分、寒露、霜降、立冬、小雪、大雪、冬至、小寒、大寒。

二十四節氣，是依據地球繞行太陽的躔度計算而確定其時日的，所以它的日期，固定在陽曆上，如清明在四月的四日或五日，冬至在十二月的廿四日。

二十四節氣的命名，是依據當時天象、氣候等實際情況而定的。

二十四節氣一般計算是：五日一候，三候一節，六候一氣。如立春爲節，雨水爲氣，氣又名中氣，這只是一種概略的計算，而精確的計算，如前所述，是依據地球繞行太陽的躔度來計算，地球繞行太陽一周時，地球要自轉三百六十五次又四分之一次，依此則一周年爲三百六十五又五四分之一天，所以任何曆法，都有「閏」以補足餘數，所謂「閏」者「匀」也，調整均匀之意也。

同時地球繞行太陽這一個圓圈，名之爲「周天」，不管地球自轉幾次，它繞行太陽經過一周，則爲一周天，又將這一周天畫分爲三百六十度，於是又有一年三百六十天之說。而這「一天」是指地球繞行太陽公轉了三百六十度中的一度而言，實際上是地球又自轉了約一次又二十一分鐘。所以實際推算，有時是十五天一個節氣，有時是十六天一個節氣。但一定是地球每公轉太陽十五度爲一節，再公轉太陽十五度爲一氣，二十四節氣一周，剛好是三百六十度。因爲二十四乘十五的商爲三百六十。

其中還有一個最重要的因素，我們知道地球有一條赤道，而赤道是地球上最炎熱的地帶。離開赤道愈遠，不論走南往北，都會逐漸寒冷，到了地球的兩極——南極與北極，都是經年覆蓋冰雪，地球上最寒冷的地方。而赤道地帶的所謂熱帶，則終年炎熱，不見冰雪，一般人則認爲赤道就是地球對着太陽，終年最接近的地帶，其實這是一種錯覺。赤道並不是地球上每日最接近太陽的地帶。

所謂赤道，是從南北兩極的中心點之間，在地球表面上拉一條直線，然後在這條直線的中心點，劃一條橫線，東西向伸展繞地球一周，這一條橫線，就是地球的赤道。假使沿這條赤道，將地球切開，分成南北兩半球，則其體積與面積一定相等，只是這條赤道地帶，在一年之中，受到日照的日子及時間較長，所以在感受上發生錯覺，誤認地球赤道終年日日最接近太陽了。

地球繞行太陽公轉，對太陽最接近的地帶，另有一條線，天文學上稱之爲「黃道」，黃道一半經過赤道之北，一半經過赤道之南，與赤道相交，宛如兩個圓圈，作兩個x形的交叉。所以就形成了春、夏、秋、冬四個寒熱不同的季節，太陽迫切北半球的的黃道時，北半球炎熱而南半球寒冷，反之，南半球炎熱則北半球寒冷了。所以當北半球的我們進入夏季，天氣炎熱時，在南半球的澳洲，就進入冬季，氣候寒冷。

但是，這二十四個節氣，又從黃道這一圓圈的那一點開始呢？而這開始的節氣．又是什麼名稱呢？

欲回答上面兩個問題，我們又不能不先探討我們中國文化的最高哲學了。中國小孩子過去一開始讀書，所讀的第一本書——「三字經」裡就有兩句話，「三才者，天地人。」把人與天地放在一起，人稱作宇宙中的三才之一，地位多崇高。但這不是中國人無理由地自抬人類身價，中庸一書中說：「能盡物之性，則可以參天地之化育，可以參天地之化育，則可以與天地參矣。」指出人類以至誠爲出發點，然後盡性，贊助天地的化育，與天地同參的，這是中國人對於人生與宇宙關係的觀念，也即所謂天人合一的哲學。

中國曆法的制定，正是表現此項觀念的事實之一。換句話說，中國曆法的制定，是建立在「天、地、人」的三個基礎上，三者相互支撐，如鼎之有三足。相對的，人類便以自己生存與生活中的寒暑、明暗等等需要的條件，與宇宙的四時、晝夜等等的實際變化，相互配合爲諸多自然的法則。而曆法即爲諸多法則中的重要法則之一。

自上古以來，創制曆法的人類，都是居住在北半球，而人類完成創制曆法最早最早的，已如前述，是我民族祖先——黃帝，是我們中國人，所以，很自然的，是依據我們所居住的北半球上，所見到的宇宙現象而制定的。因爲人類乃至於一切生物的生活，生存與繁衍，更需要或喜愛光明與溫暖，而地球的光明與溫暖，來自太陽．所以就決定太陽面開始進入北半球，亦即是黃道與赤道的交會點上，作爲黃道的開始點，定作零度。(亦即地球躔行太陽一周圓滿後的三百六十度。) 這時在天象上，地球的赤道，與太陽最接近，而南北兩半球，此時日夜時間都均等，沒有晝長夜短或晝短夜長的差別。而在氣溫上，北半球開始由寒冷進入到冷熱適中的溫暖，然後轉爲炎熱。南半球則開始由炎熱進入到不冷不熱的狀態，然後轉爲寒冷。於是在曆法上，就將這一點作爲周天度的起點，定名爲春分，所以實際上說來，二十四節氣，應該以中氣的春分爲開始，而現在習慣上以立春爲二十四節氣之始，一方面是由於我們現行的曆法，是夏朝大禹王時代所採用的，以寅月爲每年第一個月的曆法，而寅月的節氣爲「立春」、「雨水」，所以對於二十四節氣，我們在習慣上，就以「立春」開始到「大寒」爲止，換個角度說，如命相家便以節氣作爲月的開始，要在立春後，才算是寅(正)月，驚蟄起，才是二月，餘類推。

另一方面，我們以十二地支配十二個月，以及對於二十四節氣的訂定，除了依據地球的自轉公轉與月球的繞行地球，來推算及訂定外，同時更依據地球物理來做決定，而兩者完全吻合。這又證明了在五千年前，我們的天文科學極爲發達，不只是理論，更有具體的實驗，而到五千年後的今日，西方的天文科學，仍不一定趕得上我們。

現在，我國的北方，黃河兩岸的齊、魯、冀、豫一帶，還有人在立春之前，於平地掘一個一立方公尺的坑，從坑底鋪以羽毛，等到立春的時間一到，坑底的羽毛，就會飛揚上來，於是放鞭炮，燃香點燭，恭迎神祇，謂之迎春納福，歡慶春之來臨。

這種徵驗節氣來臨的方法，亦是在遠古時代，就已經發現，據說在五千年前，我們的先聖，黃帝命伶倫在現代崑崙山北，取嶰谿谷的竹子，取其中空厚度一樣的竹子，然後測定了一處地方，埋下了十二根長短不同的竹管，(但其長短有一定的尺寸，這裏從略)，而露出地面的一截，則長度是一樣的，所以是深度不同，愈長的自然入地愈深，反之愈淺，而每一根管子中，填以葭灰，在冬至節的那一天。正進冬至的時刻，那根最長(也即入地最深)的管子中葭灰，便噴射出來，並發出聲音。這現象，叫作「冬至一陽生」，意思是說，冬季到了至極，陰到極點的時候，地球中心的陽氣便開始上升。於是以冬至的這個月訂爲十二支中的第一個子月了。而夏至則一陰生，爲十二地支中的午月，兩者成爲陽極陰生，陰極陽生，相互循環，生生不息的地球物理現象，而人類則生活於此現象中，得其適應之道，冬加衣，夏揮扇了。

這種現象發生時，噴出的聲音不同，於是又爲這十二種不同的聲音定了名稱，叫作十二律呂，其中六律爲陽，六呂爲陰，「千字文」這本書中的「律呂調陽」就是指這件事，十二律呂的名稱是：黃鍾、大呂、太簇、夾鍾、洗姑、中呂、蕤賓、林鍾、夷則、南呂、無射、應鍾，而依序奇爲陽，偶爲陰。

儒家後又以易經八八六十四卦中的十二個卦的陰陽爻變來表示這項地球物理陰陽變化的現象，這十二個卦名是復、臨、泰、大壯、夬、乾、姤、遯、否、觀、剝、坤等十二個卦。

將這十二個卦象，十二地支，十二個月，十二律呂（音律），二十四節氣，相互配合，繪成一個圓形圖案，名爲「一歲十二月六陰六陽之象圖」，或稱爲十二辟卦圖，從這圓圖之中，就可很明顯地看出夏朝以寅月爲一月的道理，亦可知我們數千年來長遠實行夏曆的原因。如先秦雖然以亥月爲正，而仍不能不行夏時的原因。

再從這個圓圖中，我們可以了解到，我們對於音律，比西方人高明得多，西方人只是配合各種音波長短不同的聲音，以悅聽覺神經，而我們的十二律，則廣泛的用於生活的各方面。漢書敍傳上說：「元元本本，數始於一，產氣黃鍾，造氣秒忽，八音七始，五聲六律，度量權衡，曆數攸出，官失學微，六家分乖，壹彼壹此，廣研其幾。」明白指出曆以數始，而數自律生，又樂律全書說：「度起於黃鍾之長，就此黃鍾均分爲十寸、寸十分，命曰一尺，橫黍八十一粒爲律尺。」就更具體的說明了數之由律而生。這些都說明了我國對於音律，更應用到政治、經濟、教育乃至於軍事上面。

關於律呂方面的研究，宋代的蔡元定，著有律呂新書，清代的江永著有律呂新論，而康熙、乾隆兩朝更御定了律呂正義等，歷代都有著作，不在此贅述，現在將十二辟卦一歲六陰六陽之圖附此，以爲參考。

一歲六陰六陽之象十二辟卦圖

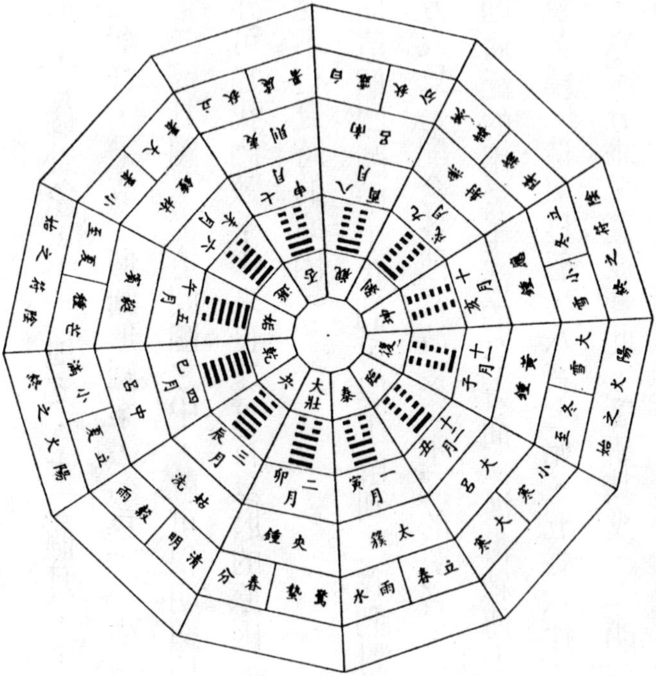

從前述的地球繞太陽公轉，所形成的黃道，而劃分出來的二十四節氣，又恰恰與以地球物理，陰陽二氣，相互循環升降的日期時間完全吻合，現在將二十四

節氣與黃道關係，繪成南北半球兩示意如下：

二十四節氣與黃道關係示意圖

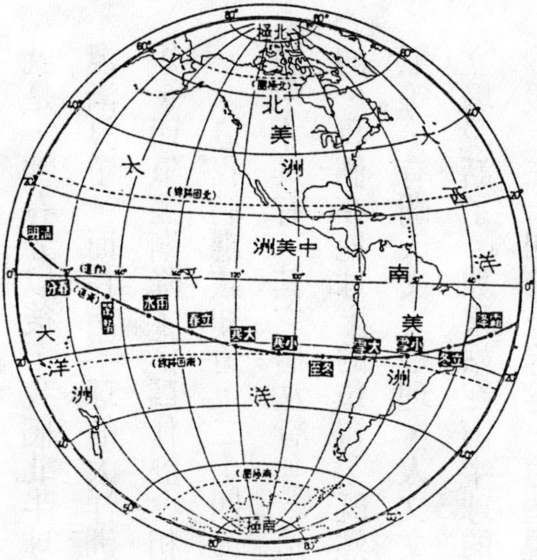

□圖一（黃道是地球繞行太陽一周，地球面切近太陽的緯度所在。）

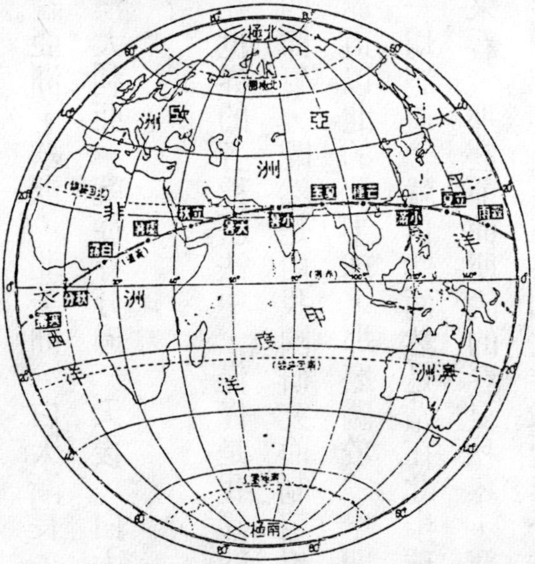

□圖二（地球自轉時，其整個球面，係依黃道所示緯度，螺旋形上下移動以正對太陽。）

我們看了這幾幅與二十四節氣有關的圖以後，卻不能不發生一個問題，就是，當春分以後，我們北半球，無論亞洲，歐洲，北美洲，白天漸長，氣溫漸昇了，而在南半球的大洋洲，像澳大利亞，就從春分過一天後，白天漸短，而氣溫漸降了。爲什麼會相反呢？

這我們應該知道，二十四節氣，在世界的各種曆法中，僅僅是我國的曆法中才具有，其它曆法皆無。這二十四節氣，既然是由我國研究而制定出來的，我們在地球上的位置，既然處於赤道以北的北半球，那麼關於二十四節氣等，有關天文，地理，人文文化的一切記述，就自然而然是站在北半球的立場說話了。如果站在南半球的立場來看，那麼前面所說的春夏秋冬，寒暑冷暖，二十四節氣等等，這些現象，整個都要反過來，如北半球的春分點，正是南半球的秋分點，北半球的秋分點，則是南半球的春分點，北半球的冬至，則是南半球的夏至。

只是因爲到目前爲止，就已發現地球的陸地，以北半球的比南半球的廣大得多，人口數字亦是北半球佔絕對多數，而且，就是現在居住在南半球的人類，具有較高文化水準的居民，也極大多數是從北半球移民過去，而將北半球的文化帶過去，這些移民絕大多數爲歐洲人，亦缺乏我中華民族的深厚文化，自然於天文一環，知悉的有限。

我國大師南懷瑾先生，精通我國儒、釋、道及諸子百家之學，又與西方文化融會貫通，且文武兼備，他即首先提出數千多年來，前人所未提出的新觀念，指出南半球的陰陽、五行、八卦的現象，恰爲北半球的反面，現在，他的門人多人，正從事這方面的研究中。

現在我們將南半球與北半球的四季，干支，月令，節氣，卦象，周天度等不同處，列一對照表在這裡，就可一目瞭然了。

北半球節氣

節氣名稱				夏曆月令	周天度	月令地支	十二辟卦	
春	孟	節	立春	一月	315	寅月	泰	
		氣	雨水		330			
	仲	節	驚蟄	二月	345	卯月	大壯	黃道與赤道交始移向赤道北
		氣	春分		0 (360)			
	季	節	清明	三月	15	辰月	夬	
		氣	穀雨		30			
夏	孟	節	立夏	四月	45	巳月	乾	
		氣	小滿		60			
	仲	節	芒種	五月	75	午月	姤	黃道至北回歸線始向南回移
		氣	夏至		90			
	季	節	小暑	六月	105	未月	遯	
		氣	大暑		120			
秋	孟	節	立秋	七月	135	申月	否	
		氣	處暑		150			
	仲	節	白露	八月	165	酉月	觀	黃道與赤道交始移向赤道南
		氣	秋分		180			
	季	節	寒露	九月	195	戌月	剝	
		氣	霜降		210			
冬	孟	節	立冬	十月	225	亥月	坤	
		氣	小雪		240			
	仲	節	大雪	十一月	255	子月	復	黃道至南回歸線始向北回移
		氣	冬至		270			
	季	節	小寒	十二月	285	丑月	臨	
		氣	大寒		300			

南半球節氣

節氣名稱				夏曆月令	周天度	月令地支	十二辟卦	
春	孟	節	立春	七月	135	申月	泰	
		氣	雨水		150			
	仲	節	驚蟄	八月	165	酉月	大壯	黃道與赤道交始移向赤道南
		氣	春分		180			
	季	節	清明	九月	195	戌月	夬	
		氣	穀雨		210			
夏	孟	節	立夏	十月	225	亥月	乾	
		氣	小滿		240			
	仲	節	芒種	十一月	255	子月	姤	黃道至南回歸線始向北回移
		氣	夏至		270			
	季	節	小暑	十二月	285	丑月	遯	
		氣	大暑		300			
秋	孟	節	立秋	一月	315	寅月	否	
		氣	處暑		330			
	仲	節	白露	二月	345	卯月	觀	黃道與赤道交始移向赤道北
		氣	秋分		0 (360)			
	季	節	寒露	三月	15	辰月	剝	
		氣	霜降		30			
冬	孟	節	立冬	四月	45	巳月	坤	
		氣	小雪		60			
	仲	節	大雪	五月	75	午月	復	黃道至北回歸線始向南回移
		氣	冬至		90			
	季	節	小寒	六月	105	未月	臨	
		氣	大寒		120			

由於介紹二十四節氣，而牽涉到地球的東半球、西半球、南半球、北半球的敍述。這東西南北，又到底怎樣分出來的，有什麼學理的依據呢？這是有趣的問題，也不能說與曆法毫無關係，所以不妨在這裡順便介紹一下：

欲談東西南北，少不了要談中，無中則無四方可言。但是從形而上的哲學觀點來看，宇宙是無限大的，是大而無外，小而無內的，根本上就無所謂「中」，換言之，「中」也不過是一種人爲的假設點，只是對「外」或「邊」的一個對稱辭而已。那麼，人類所稱的「中」、「外」或「邊」也只不過是在一種由人類認定它的範圍內，所假定的位置了。

好！這裡就先談到我們中國之「中」，是以什麼理念定出來的。

「中國」一辭，最先見於禮記中庸篇說：「是以聲名洋溢乎中國，施及蠻貊。」於是後人詮釋中國之爲名，是「我國古時建都黃河南北，別於四方蠻夷戎狄，自稱中國。」這種詮釋，並不中肯，所以有人依這種詮釋，批評我們自稱爲「中國」，是由於我們這個民族的自大與短見，歧視其他膚色人種或其他民族都是些邊疆文化低落的人。

其實，我們自稱「中國」，是自有其地理性的，亦即依地緣關係而來的。

試將地球沿赤道橫分成爲平均的南北兩半球，又沿春分點，(據天文家測量，在太平洋的吉爾貝特GILBERT羣島稍微偏東的海洋上。)劃一條直線，上下通到南北極，也就是現代所稱的所謂「國際日期更換線」。也是地球畫「經線」的起點，(分東西的縱線爲經，分南北的橫線爲緯。)再兩線伸展，繞地球到秋分點會合，這時整個地球成了四片，而我們中國的位置，尤其是中華民族的發源地，正是在其中一片的中心點，北回歸線的最高緯度處，即夏至點，也在這中心點垂直下來的中國南疆。同時，世界人類歷史文化最悠久亦最優秀的民族，也全部在地球的這四分之一的部分，此外，我們之稱爲中國，並非由於短見而說自大的話，而是具有時間上的歷史性與空間上的位置性的。

我們中國人的成語，常說「天南地北」或「地北天南」，爲什麼不說成「天北地南」或「地南天北」呢？因爲我們這個民族，在地球上所處的地理位置，是在赤道之北的。我們的官感上，太陽與月球是在天上，我們仰首看太陽，它在冬天固然從南方照過來，即使到了夏至，亦不會從北方照過來，除非在北回歸線以南近赤道的人，一年中才會有很短的幾天，可能看到陽光北照投影於南的現象。月光也是如此。

非常顯著而具體的事實，假如我們居住的房屋，是正南北向的，那麼我們常會從南窗望出去，看到天上的太陽和月亮，若從北窗望出去，就不可能看到太陽或月亮，這就是我們只說「天南地北」的道理。

因爲這樣，我們最古老的文化，能顯示方位的先天八卦，乾卦在上，代表了南方，也代表了天，坤卦在下，代表了北方，亦代表了地。而我國的宮殿、衙門、寺廟的建築，都坐北朝南，因爲南方是天，是光和熱的來源。而現代人繪的地圖，其方法來自西方，將北方畫在上面，南方畫在下面，這是什麼道理呢？這只好說：我們的祖先是昂首向上看，愛光，愛熱，以天爲目標，西方人低頭向下看，愛土，愛物，以地爲目標。

剛說到「西方」和「西方人」，這又涉及到一個相當有趣的問題，那就是東方與西方的劃分，或者說東半球與西半球的劃分，又以什麼做標準呢？

我們知道，地球之分爲南北兩半球，是因爲地球有南北兩極，兩極各有一個性質完全相反的磁場，其兩種不同的磁性，我們老祖先給它們的符號是陽與陰，近代人給它們的符號是正(+)與負(−)。這兩種不同的磁性，是互相吸引的。其引力透過地球中心，構成了地球的軸心，而產生了動力。地球的自轉，即如陀螺依其軸心的轉動是一樣的。假如我們騰身於太空，則可看到地球是向右移。因此，我們處身在地球上面時，就感受到天是在向左轉了。所以我們的古老文化中，只說「天左旋，地右轉」，並未說天與地是東轉或西轉。那麼所謂「東」與「西」的方位，亦只不過是以主體所處的位置爲「中」的相對看法而已，如「日出東方」是就「見到日出之地」而言，我們從來未將地球分爲東半球與西半球。假如我們從台北出發，在地球的同一緯度上，一直向東走，當繞行地球一周後，最後還是回到台北原來跨出第一步的地方，那麼那裡來的東方呢？如果從台北西行，也是如此，最後到不了一個西方的極端，仍然會回到台北。

只是歐洲人見太陽從亞洲大陸而來，便指亞洲爲東方，而東方與西方，並不代表文化之優劣。那麼就讓我們爲日出之國，他們去居日落之鄉吧。而現在，我國與所謂西半球的「時差」，最大的是十二小時，以日計算，我們的上半日，假如說是月之初二，從零時到中午十二時，正是地球另一面，前一天的下半日，即西方月之初一日中午至二十四時，所以我們先見到太陽，太陽昇自東方。

更重要的，還是回頭來，談我們中國曆法中，所獨有的二十四節氣，從中了解其與人類生活的關係吧！

立春

立春的習俗，有諺云：「新春大如年。」可見對於這個節日的重視，不但民間如此，過去我國官方也如此。原因不止是這一個節日是一年二十四節氣中的第一個節日，更重要的，是我國數千年來，以農立國，經濟的命脈在農業。冬去春來，是一年開始生產的時候，政府方面，從國家的領袖——皇帝，以及省、郡、州、府、縣各級政府的首長，都要到社稷壇，迎春祀天，天子則率領三公、九卿，諸候，親自耕天子的田，就是扶了犂田的犁，在稻麥田中走幾步，天子是三推，推着犁走三步，三公推五步，九卿及諸候推九步，表示首先領導人民，開始耕作，名爲「勸農」。在民間，則家家戶戶，迎春接福，安太歲設春筵，吃春餅，春盤賀春。

在氣候上，這天最好是放晴，這在立春的諺語中，可以看出來，如：「

立春晴，好收成。」「立春晴一日，農家笑盈盈，」及「立春落雨到清明，一日落雨一季晴。」表示立春這天如果下雨，則整個春天的下雨日子會多，水太多了，農作的日照時間少，則會妨礙生長發育了。宋朝人張南軒的立春詩詠道：「律回歲晚冰霜少，春到人間草木知，便覺眼前生意滿，東風吹水綠差差。」充滿了春暖的氣息。

立春日

立春日，民間還有剪綵紙如燕子、簪釵頭而戴，或貼春字於門首，宋朝的歐陽修詩中吟道：「若喜釵頭燕已來」及張帖公的帖有道「寶字貼宜春」由此可知相傳已久。

遠在後漢有立春幡，則唐代則由皇帝在立春日賜給百官幡勝，民間亦相互餽贈生菜，春餅等食物，名爲送春盤。

雨水

呂氏春秋上面説，仲春：「其祀戶，祭先脾，始雨水。」注解：「自冬冰雪，至此土發而耕，故曰始雨水也。」禮記月令篇，孟春之月疏：「謂之雨水者，言雪散爲雨水也。」這是雨水命名的來源。而「雨水」有時列爲正月的中氣，又有時列爲二月的節氣。其實，這是因地而異的，在南方冬天的冰雪少而且積雪薄，又先受陽光自南而北的照射影響，在寅月的中旬，冰雪就開始融化爲水，天上亦少有雪下降，而只下雨，地上的冰也已解凍，泥土沒有冰雪覆蓋而鬆軟，就可以開始犁田耕種了，在長江南岸及珠江流域，就是如此，而在黃河兩岸，則要到卯月才有這種情形，這又是配合地理來的，所以與其説是節氣的月份變更，無寧説是我國的領土廣袤，因地而制宜。

驚蟄

這一天，還有所謂「祭白虎」，「打小人」的風俗，婦女們到附近的大橋下面，或是榕樹旁邊，焚香燃燭，膜拜禱告，除凶惡，驅除小人，並且用穿過的舊鞋，拍打地上。據説害人的白虎，就會遠離，作弄人情，挑撥是非的小人，也不會近前。

看來，這些風俗上的行爲措施，好像又是一些並無科學依據的愚蠢行爲，迷信心態，其實並不完全如此，如用鞋拍地，就是一種驅蟲法，去毒物的環境衞生運動。

凡是於立冬以後，進入冬眠狀態的蟲類，如蛇、蠍、蜈蚣、青蛙、等等叫作蟄蟲，冬眠名爲蟄伏，所以整個冬天，躲在泥土下面，不食不動，到了驚蟄這一天，春雷鳴動之後，地面的冰雪解凍融化，泥土鬆軟才震起而出，驚醒過來，所以名爲驚蟄。

爲了防治蟲害，於是人們在這一天，有種種防治害蟲的風俗，其中最盛行的，除了前面所說以鞋拍地以外，又在房屋的四周墻邊、墻脚撒生石灰以殺蟲，又在這天，用芝麻油煎製點心食用：俗稱「薰出」，因爲芝麻油——又名香油，性甘微寒，能治療喉嚨瘖瘂症，殺五黃，下三焦的熱毒氣，通大小便，敷一切惡瘡疥癬，殺一切蟲。所以這天用香油煎食物，一則使廚房的蟲類消除，一則可殺體內的蟲類，亦有人炒黃豆吃，名爲「叫蠍子」。

春分

太陽直照地球面，一年繞行的軌道，稱黃道，從冬至這一天，太陽照射地球到了冬至最偏南的南回歸線後，又開始漸漸北移，等移到春分時，直射到赤道，也即是南北兩半球的中間，於是晝夜的時間均分。

在陰陽上說來，是居陽之中，這一天的前後，溫度與濕度，往往相差很大，氣候上會有劇烈的變化，體弱的人容易生病，有舊病的人容易復發，尤其生了太多孩子的婦女要注意，禁止聲色的刺激，不要過份憂鬱。

清明

掃墓，踏青，插柳，野宴是清明必行的事，全國皆然。

掃墓，可以說是清明節最主要，亦最有意義的活動。「孝道」是中華民族最重視的一項倫理道德，自孔子對曾子談孝，而紀錄成爲「孝經」之後，「孝」就成爲個人人格修養上的第一件事，擴而成爲家庭、宗教、社會，國家，民族的倫理最高準則，對個人的人格修養而言，是「百善孝爲先」，對國家的政治而言，是「以孝治天下」，而表現孝的方式，則是「生養之以禮，死祭之以禮，葬之以禮。」又古代的國家領袖——天子，春秋兩季，舉行郊祭以祀天，現代則是祭黃帝及國殤——國家之忠烈先靈；而一般百姓，則到郊外祭祖墳，春季在清明節舉行，又叫作掃墓，因爲到了清明節的時候，進入季春，草木都已生長，所以就到祖先的墳墓，舉行祭拜，同時芟除墓園的野草與雜樹，以慎終追遠。

清明在三月，所謂暮春三月，江南草長，羣鶯亂飛，春光明媚，氣候溫和，正是郊遊的好季節，於是城市的仕女們，便紛紛携眷結伴，到郊外踏青、野餐。

著名的古畫「清明上河圖」，就是描寫北宋時代，在京城汴梁——現代開封，在清明節百姓到城外郊遊的盛況。

清明插柳，當在後漢佛教傳入中國以後的事，佛教以楊柳爲潔淨之物，事實上古人以楊柳枝刷牙、淨口。清明在門上插柳，則有齋戒沐浴的含義，而婦女們更會在髮上戴柳葉，并有俗諺說：「清明不戴柳，死了無人守。」

在清明掃墓祭祖及郊遊野宴中，也少不了一樣點心，那就是以艾和米做的「艾米粿」，以糖或菜餚爲餡，不但是一項美食，而且艾是可以治病的，嫩葉作食用，老葉則製成艾絨，孟子就說過：「七年之艾，治三年之疾」的話。

與清明有關的柳和艾，這兩種植物，據我國傳統藥物學——本草綱目——的介紹說：

柳：㈠柳華：主風水黃疸、痂疥、惡瘡、治濕痺，四肢拘攣，膝痛。㈡柳葉：主惡疥痂瘡、馬疥、煎水洗之，續筋骨，長肉，止痛，治白濁丹毒。㈢柳枝及柳根：主痰熱、淋疾、可爲浴湯，洗風腫搔癢，煮酒嗽齒痛，熨諸痛腫，煎服治黃疸、白濁。

艾：㈠以前用作通經、解熱、驅蟲之藥，如今則專用於消化不良之藥劑。㈡用作灸百病，並作煎劑，㈢主暖子宮，調經、安胎、止吐血下痢，止傷血，殺蚘蟲。

穀雨

穀，善也。見爾雅釋詁：生也，養也。見詩經：又爲五穀名。

這個節氣的命名，是由農事而來，在季春三月五穀都在下種、插秧的時節，正需要雨水的滋潤，而造化的安排，每年到了這個時候，都會降下綿綿的細雨來，所以這個三月的中氣，就名爲穀雨，也有美好之雨的意思，而因爲這個時候，桃花正已開放，所以也有人稱這時候的雨爲桃花雨或桃花泛。自穀雨節起，是農事忙碌的開始。

立夏

夏有大的意義，立夏表示萬物開始長大的時候，全國各地，向來有以秤去衡量人重量，等於現代「磅體重」的風俗，以看比去年更胖或更瘦了，由此可知，我國自古即重視健康，注意體重了。

在五嶺南北，於立夏節多設家筵迎夏，在筵席中，一定有兩樣菜餚。一樣是藠頭包——薤菜，米粉，肉類(但不得用牛肉)拌和後，搓成球形蒸食。據中醫葯的說法，薤菜的質辛苦濕潤，它的葉子很像韮菜一樣扁平的，但是中空，根像蒜瓣，也可單獨食用，或做泡菜，可漬糖，漬酸都可爲美食，做薤菜圓子，取其葉，薤的功能調中助陽，散血生肌，泄下焦大腸氣滯，治下痢、氣重、胸脾刺痛，肺氣喘急，能安胎利產，也可做爲燙傷、灼傷的外用葯。另一種是以淮山磨成極細末，以代替米粉，做粉蒸食物，因爲淮山的性質，味甘歸脾，能固脾胃，潤皮毛，化痰涎，止瀉痢，又能益腎强陰，治虛損勞傷及益心氣，並且治療健忘、遺精。新鮮的淮山，搗爛敷癰瘡，治腫硬。這裡所需說明的，淮山就是山葯，因以大陸淮河產的最好，所以葯用時每用淮山，而山葯爲正名，又別名山藷。

立夏一日，古稱春盡日，一般騷人墨客，惜春心事，難免多情，送春留春傷春，春愁付諸詩詞，邀朋聚飲，佳作甚多，如朱淑真惜春詩：「連理枝頭花正開，妒花風雨便相催，願教青帝常爲主，莫遣紛紛點翠苔。」又叚克己的漁家傲傷春詞：「春去春來誰作主？怨他昨日江頭雨，把酒問春春不語，頭懶舉，亂紅飛過鞦韆去，芳草淡烟江上路，鷓鴣聲，斜陽暮，風外榆錢無緒，空自舞，如何買得青春住。」真是萬般無奈在。

小滿

小滿前後，爲農家最忙季節，俗稱小滿動三車——絲車、油車、田車。這是指㈠養蠶人家的婦女，這時將繭子煮好，啓動絲車，日夜操勞繅絲。㈡郊外的油菜花，已經結了果實，採下來送到油坊，開動榨油車的輪子，開始榨油。㈢這正是田地的禾苗需灌溉的時候，要在溪邊駕上水車，由人踏動，將水傳戽到田中。

在全國各地，無論南北，都正入農忙最高點的時間，黃河流域忙於收麥打場，長江流域割早稻，珠江流域播晚稻，東北正值棉、麥、大豆下種之期，高粱初長，又忙於刈草，剪去劣苗，都是農忙。

在農業社會中，到了這樣忙碌的日子，當然除了忙，還是忙，第一是工作，第二是工作，第三還是工作，就沒有休閒的活動，亦暫不作飲食等等物質生活上的追求考究了。

芒種

周禮地官中的「稻人」一節中說：「澤草所生，種之芒種。」這句古文的意思，如果用現代語言解釋，就是說，在有澤草所生的土地上，就可以種植芒種，所謂澤是有水的地方，但如果水中含有鹽量，鹹水就不能生草，所以澤草之地，就是能生草的淡水澤地，就可以種芒種，而在草生植物中，有芒而可供人食用的，則有麥及稻兩種。古人稱它們爲芒種，是因爲它們果實上端的纖毛名爲芒，如字林說：「芒，禾梢也」。而在這個季節裡，農田裡所種植的稻麥，先後長出「芒」針了，因而名之爲芒種，也含有將豐收的喜悅。

芒種以後，是梅雨季節的開始，禮記月令廣義說：「芒種後逢丙日入梅，小暑後逢未日出梅」爲期約在三十天。在這一時期，常常會有綿綿細雨，但在詩人們的筆下，則各有不同的吟咏，如：「黃梅時節家家雨。」「梅子黃時日日晴。」「陰晴不定是黃梅。」可見這所謂梅雨季節，不一定是下雨的，相當於現代氣象上的一句常用語：「晴時多雲偶陣雨」吧！但這一時期，正是梅子的果實成熟的時候，則是不會錯的，依據中醫的說法，承接這一時期的雨水煮茶是最美的，不過在空氣嚴重污染的都市是不宜的，應該到高山之上，空氣清新之處才有效。

現在錄幾首有關梅雨的詩在這裡，也可作爲炎炎夏日中，精神上的消暑劑。

△黃梅時節家家雨，青草池塘處處蛙；有約不來過夜半，閒敲棋子落燈花。——司馬光。

△梅子流酸濺齒牙，芭蕉分綠上窗紗；日長睡起無情思，閒看兒童捉柳花。——楊簡。

△梅子黃時日日晴，小溪汎盡卻山行；綠陰不減來時路，添得黃鸝四五聲。——曾紆。

△乳鴨池塘水淺深，熟梅天氣半陰晴；東園載酒西園醉，摘盡枇杷一樹金。——戴復古。

夏至

這一天，因爲太陽照射地球的角度，在北半球的九十度，直接照到北回歸線，亦是到最北的緯線上，在北半球的白天最長，夜間最短，過了這一天，太陽又會逐漸南移了，所以叫作夏至。

在中國文化的地球物理上，陽氣盛到了極點，所以地球上的萬物，都成長到極點，到了飽和的狀態，依照「持盈保泰」的中國人生哲學，生活在地球上的人，在這一天，一定事事要把持執有，保住泰和，尤其在生理上爲最，所以在健康的人，亦要禁房事，不過度操勞，在精神上，要清心寡欲，在飲食上清淡素食，病弱之人，更宜保養。

在長江一帶，以豌豆糕或豌豆粥爲食，據說，在夏至吃了豌豆，則不「疰夏」，所謂不疰夏，就是不會中暑，不會精神倦怠不思食，而能精神飽滿，胃口常開。

小暑

天氣已經炎熱，古代皇家，這時候會以所藏的天然冰，頒賜給大臣，周禮天官篇凌人章說：夏頒冰掌事，註疏中說：夏頒冰是賜給羣臣，而由凌人職掌這件事情，攷核該給多少，該不該給，而夏天之所以還有冰，是將冬天的冰藏在西陸的深山窮谷，固陰沍寒之地，於是後世的帝王，也仿照着做。在南北朝的時代，即晉成帝司馬衍咸康元年，公元三三五年，後趙石虎遷都建鄴(今南京)以後，有一棟一百四十間的大廈，上面有冰室，室中有好幾座井，每座井深達十五丈，用來藏冬天的天然冰，到了夏天，就用來賞賜給大臣們。在北方更是如此，燕都雜詠的詩中吟詠道：「磕磕敲銅盞，街頭聽賣冰，浮瓜沉李脆，三伏絕炎蒸。」相信炎炎夏季，在街上賣冰的國家，該是我國最早了。

雖然，在地球物理上，夏至一陰生，已經開始產生陰氣，但陰氣仍潛伏於下，向上推移，逼陽氣向地殼外放射，所以在人體的感受上，更覺炎熱。尚正夏季之中，萬物繼續滋長，那麼生活在地球之上的人類，飲食上宜特別注意，消極方面，現代醫學亦認爲此時亦正是細菌滋生之時，宜重衛生。而易於出汗，應多補充水份，其實在我國古代醫學上，早已注意到，而且不只是勸人多喝水，而是提供了既營養，又能解暑消渴的水果，勸人服食，以爲調攝：例如：

綠豆：性甘寒。能解百毒，消積熱。

蓮子：性甘平濇。能去熱、養胃、治泄、固精、補心、益脾。

蓮藕：性甘平。能解熱、生津、開胃、健脾、治霍亂、殺射罔。

西瓜：性甘淡寒。利尿醒酒，消暑熱，清肺胃，吃了煩渴全消，在醫葯上有「天生白虎湯」的名稱。

百合：性甘平。能潤肺，清心，祛風熱。

荔枝：性甘平。能養血，可消腫。

大暑

氣候在這一天及其前後，是一年中最炎熱的時期，才算正常。因這時，已經進入伏天，所謂伏天，小暑後的第一個庚日，即是大暑之前最近的一個庚日開始爲初伏，日期有三十天，大暑後的第二個庚日爲中伏，第三個庚日進入尾伏，到第四個庚日則出伏了，這時已經在立秋之後，俗語說「三伏帶秋」，就是這個道理，所以在三十天伏日裡，是一年最熱的時期。

爲什麼叫作伏日呢？這涉及到中國文化的五行道理，五行生尅，木生火，火生土，土生金，金生水，水生木。而五行相尅是木尅土，土尅水，水尅火，火尅金，金尅木，四時配五行，是木爲春，火爲夏，金爲秋，冬爲水。而土爲長夏，如此推移，四時交替，本來都是相生，只有夏交秋是火交金，爲相尅，以金代火而金怕火尅，庚辛爲金，因此在夏之至極的時候，金氣一定伏藏起來，連續一個月之久，稱這時爲「三伏天」。

在秦德公的時代，就有此說，史記中秦本紀說：「秦德公作伏祠。」註解說：「六月伏日也，周時無，自此乃始。」

賞荷消暑，是這個節氣的盛事。宋朝的蘇東坡，在西湖的賞荷詩，描述得最精到了：「畢竟西湖六月中，風光不與四時同，接天連葉無窮碧，映日荷花別樣紅。」儘管這是一年之中，最炎熱的季節，溽暑惱人，然而盪一葉輕舟，緩緩遊行於綠房翠蓋的荷花叢中，涼風乍起，送來雅淡的花香，或順手採一個蓮蓬，剝幾粒新熟的蓮子，送入口中，舌底生津，齒頰迴甘，或者一盞清茶，一杯淡酒，高歌一曲，長嘯數聲，那來的什麼暑氣，在我國各地都有這樣好消暑的地方，西湖之外，北平的什刹海，南京的玄武、莫愁兩湖，嘉興的南湖，河北的雄縣，河南的羅山，長江沿岸各省，賞荷之風都很盛行。

立秋

「一葉落而知秋」這是非常寫實的佳句，立秋之日梧桐一定開始落葉。筆者爲江南人，少年時，正在暑熱，滿城都是綠樹蔭濃，一天下午，著紗衣在院中一棵梧桐樹下納涼，突然落下一片綠色的梧桐葉，拾起來看，只見葉柄連枝的一端微黃，感到驚奇，夜間讀書，拿起案頭的黃曆翻閱，原來這天落葉時，正是立秋。那是民國十八年八月八日，亦即夏曆七月初四的事。

而今，立秋這個節日，似乎沒有任何過節的習俗，但在古時，如宋朝的時候，據錢塘吳自牧寫的夢粱錄(憶寫北宋城汴梁——即開封的風俗)說：由太史局，委任相關的官吏，在禁官之內，以梧桐樹種植在殿下，等到交立秋的時日，由太史官，穿戴大禮服，恭恭敬敬地向皇帝報告道：「秋季到了！」這時有一兩片梧桐葉飄落下來，表示報告立秋的意思，而在這一天的一大清早，京城内外，滿街都有叫賣楸葉（野桐葉）的人，婦人女子兒童們，都爭著購買回去，剪成各種花卉的形狀，插在鬢髮上來應節。

孟元老著的東京夢華錄，亦作如此介紹，并說，這個月裡，瓜葉梨棗，剛上市，在京師的棗有靈棗、牙棗、青紅棗、亳州棗，有一種「雞頭」的最名貴，而又以梁門内一家名爲「李和」的產品最有名，因爲這家專揀選「銀皮子嫩」的，用小而新的荷葉包裝，糝以麝香，用小紅線裹起來，非常名貴，多由官府巨商買來送禮，名爲報秋。

處暑

「秋來東閣涼如水，客至山公醉若泥；困臥北窗呼不醒，風吹松竹冷凄凄」，這是蘇東坡在逍遙堂所吟咏處暑的一首七絕。陸放翁也有一首處暑夜興詩：「寂寂空廊絡緯鳴，消搖岸幘近南榮；閒眠簟作波紋冷，新浴衣如蟬翼輕。微雨已收雲盡散，衆星俱影月徐行；呼童持燭開藤紙，一首新詩取次成。」，處暑是在立秋以後的第十五天，爲中氣，這時北斗星的斗柄，指向申方（西南西）了，炎熱的暑氣，開始隱退，伏而潛處，故稱處暑。

白露

節居白露，因陰氣上升，露水受陰冷而白，所以叫做白露。這一天，忌諱下雨，一般習俗認爲白露節下雨，雨下在那裏，就苦在那裏。因爲這時農作物受雨後，吸陰冷之氣，水份不易發揮，每多傷害，尤其在黃河以北地區，白露以後，將要秋收，不喜下雨，否則已成熟的麥子被雨，則將傷害，因之有：「白露前是雨，白露後是鬼，」的農諺。

秋分

自夏至以後，太陽在天空開始向南移，到今日又回到黃道與赤道的交會點，而正是秋季的一半，所以叫做秋分。這一天北半球與南半球的晝夜時間，也和春分這天相同，均分各半。

在稼穡上，農家開始秋收了，俗稱「開禾門」，凡是初秋收割的稻子，先用來祭祀天地祖先，然後食用，叫作「嚐新」。在一縣之中最早割的一家送一份到縣府，在全國最早割稻的一縣，則由縣知事送到京城皇家，叫作「獻新」。

秋天也是最易感人愁思的，詩人們在這季節的吟咏，總少不了若干哀愁。如唐杜甫吟道：「玉露凋傷楓樹林，巫山巫峽氣蕭森；江間波浪兼天湧，塞上風雲接地陰。叢菊兩開他日淚，孤舟一繫故園心；寒衣處處催刀尺，白帝城高急暮砧。」趙承祐亦詠道：「雲物凄凉拂暑流，漢家宮闕動高秋；殘星幾點雁橫塞，長笛一聲人倚樓。紫艷半開籬菊靜，紅衣落盡渚蓮愁；鱸魚正美不歸去，空戴南冠學楚囚。」而宋陸放翁詩云：「利欲驅人萬火牛，江湖浪跡一沙鷗；日長似歲閒方覺，事大如天醉亦休。砧杵敲殘深巷月，梧桐搖落故園秋；欲舒老眼無高處，安得元龍百尺樓？」他還有一首詩吟道：「今年秋氣早，木落不待黃；蟋蟀當在宇，遽已近我床。況我當老遊，且復小彷徉。豈無一樽酒？亦有書在旁，飲酒讀古書，慨然想黃唐，耄矣狂未除，誰能藥膏肓。」

農家終歲辛勞，這時才得休息，共慶秋成，其樂可知。秋收時，初割新稻，俗稱開稻門。凡初次所煮的新米飯，都要先獻祖先，送到縣知事與地方長官，然後自食，叫作嚐新。獻給地方長官的，各地獻到中央皇家，都叫作獻新，更慎重的，還要焚香設醴以爲薦，此俗遍及邊疆少數民族，也是如此。

寒露

我國的醫藥，在寒露節這一天，取井中的水用來浸造滋補心、肝、脾、肺、腎等五臟，以及治療痰水積聚，蟲毒螫傷的丸藥或藥酒，據說與雪水有同樣的效力。

而在一般人家，也多在這一天，汲取井水，開始釀酒，準備儲存到過年的時候，用來供臘祀、宴賓客，這叫作釀新酒。而在漢武帝時，還造了一座百梁台，上面豎起一根金柱，柱頂裝一個仙人掌，掌上托一個玉杯承接露水，用來調和玉屑喝下去，以延年益壽。

寒露的名稱，就是說明日照已經在秋分以後，開始偏到南半球，天氣已經漸寒，地球表面，萬物所附着的水分，不致揮發，將開始因寒冷而凝成細小的水珠，留在草木上，這水珠便是寒露，現代物理學家說：是因爲熱的幅射，地面草木，冷却很快，等溫度達到露點以下，則與草木所接觸的空氣冷却，所含水蒸氣過於飽和，一部分就凝結爲露了。而我國文化則說：「夜氣爲露，陰之凝也。」應更科學，因爲現代科學所說的「露點」這一溫度，在白天也會到達，但並不會結露，露只有在夜間才會結成。我國文化，白晝爲陽，夜晚爲陰，而且秋分之後夜晚較長，是陰長於陽，白露爲易經八卦的☴☷觀卦，由下卦上升的陰氣到上卦的初爻，而到了地面，自然是寒露了。

霜降

露結爲霜，霜遍布在草、木、土、石上面，俗稱打霜，而經過了霜覆蓋的蔬菜，喫起來味道會特別鮮美，以前的醬園，是用土法釀造醬類，不像現代用化學方法而加上防腐劑、色素、人工甘味，致影響人體健康。土法釀造，在霜降這一中氣，如不下雨，夜間會將放在露天的醬缸蓋揭去，使缸中的醬打上霜，這種醬名爲「霜降醬」，爲家庭主婦爭購，作爲新年食品調味。

昔時，我國有在霜降吃兔肉的習俗，在燕京，富貴人家，多在此節氣及其前後，盛設兔宴，相互邀請應酧，叫作「迎霜宴」，筵席中的兔肉名「迎霜兔」，在南方也有這種風俗，據説兔肉是獸肉中最細膩的，而且富有營養，補中、益氣、涼血、解熱毒、利大腸、止渴、健脾。中醫的學理認爲兔在秋冬之間，齧木皮，得金氣之精，而氣內實，味獨美。陸放翁的小飲詩説：「迎霜新美兔，傍節濁醪香。」就是指的這件事，他在另一首詩中也有「十月新霜兔正肥」的佳句。

但在我國的文化中，對於霜，是不大有好感的，淮南子説秋三月（即夏曆九月），青女乃出降以雪霜，霜者喪也，陰氣所凝，其氣慘毒，物皆喪也。

立冬

明代詩人王伯穀，有立冬詩描寫這一節日的情況：「秋風吹盡舊庭柯，黃葉丹楓客裡過；一點殘燈半輪月，今宵寒較昨宵多。」今日在台的遊子，讀到這首詩時，當會引起很大的共鳴吧！

立冬這一天，北斗星的斗柄，指向西北，太陽的躔度在二百五十度。冬有終的意思，立冬表示這一年已經萬物終成，而一般人，也有開始進補的習慣。

小雪

杭州有「小雪」的諺語，內容是：「遍地徽州，鑽天龍游，紹興人趕在前頭。」這是南宋時代，遷都杭州極度繁榮時，留下來的諺語。遍地徽州，是說徽州在此時開始製造點放滿地紅的爆竹，龍游人則從小雪後，開始趕製過年時祭神焚燒飛灰上天的紙馬，而紹興的習俗則是因吳興例於小雪日釀酒，名爲「小雪酒」，藏到第二年飲用，色清味洌。因這時的水極澄清，是與雪水同功。而紹興人欲趕在小雪之前的立冬日製作「冬酒」。

在大陸北方，這時已經大雪紛飛了。其實，在南方的高山，也是如此。如橫貫在湘、桂、粵、贛、閩的五嶺，入冬以後，即積雪不化，尤以湖南的雪峯山，贛州的大峯山，每每到次年五月，峯巔還有積雪，而唐朝的詩人韓愈，因爲諫阻憲宗迎佛骨，被貶謫到廣東潮州，在經過江西大庾與廣東交界的梅嶺時，適逢大雪又與他的侄子韓湘相值，於是寫詩自咏：「一封朝奏九重天，夕貶潮陽路八千；本爲聖朝除弊政，敢將衰朽惜殘年。雲橫秦嶺家何在？雪擁藍關馬不前；知汝遠來應有意，好收吾骨瘴江邊。」其中「雪擁藍關」正是寫景。其他如康定有大雪山，雲南大理的雲嶺主峯，四川松潘的岷山主峯，福建的祈連山、武夷山等南北諸山，這時多已開始降雪。

在農諺中也說：「小雪不見雪，便把來年長工歇。」意思是，到了小雪，還未見天下雪，在北方則冬麥無法過冬，而明年將缺水並有蟲害，農事不佳，可以不請長工。

大雪

積陰爲雪，至此栗然而大，北方氣候嚴寒，河流堅硬，雪爲六面體之小結晶結合，若空氣降至零下廿三度，則爲細微之針狀，雪爲熱之非導體，故爲雪所掩埋之植物，經往冬寒，宋人楊萬里於大雪之日，以絕望爲題吟道：「月是小春春未生，節名大雲雪何曾，夕陽不管西山暗，只照東山八九稜。

冬至

斗指子爲冬至，陰極之至，陽氣始生，日行南半球之南回歸線，北半球白天最短，夜晚最長，而日影在今天也最長，所以又名長至。古以陽氣生爲君道長，由剝而就復，亂而復治之機，故自漢以後，咸行慶賀之禮。至宋、元兩朝而益盛，先一日謂之小至或小冬，至日謂之長至節或大冬，後一日謂之至復，百官朝賀，君不聽政，店肆休市，徒生放寒，故諺云：「冬至大似年。」

「相傳冬至大如年，賀節紛紛衣帽鮮；畢竟句吳風俗美，家家幼小拜尊前。」這是明朝一首描寫江蘇省冬至的竹枝詞。以前過冬至節，有拜冬的禮俗，和過新年時拜年的情形差不多，婦孺兒童也都穿上新衣，民間祭祀天地祖先謝冬，或者上墳掃墓。在帝王時代，則皇帝到京城的南郊祭天，爲民祈福，典禮非常隆重。

而「冬至進補」爲近代盛行的風俗，多爲滋陰補陽的食物及藥劑。

小寒

「小寒、大寒，凍作一團。」「街上走走，金錢丟手。」及「小寒臘月半」，這些都是在這一季節的古代民間諺語。

在過去的社會裡，農事已了，收成已畢，家家戶戶，都開始辦年貨，準備過新年了。

在中原地帶，黃河兩岸，已經大雪紛飛，河水結了冰，農村的人，將已收成的餘糧，裝上車渡過冰河，到城市中出售，得錢購買食物、衣飾、日用品，城中街市上也特別熱鬧。

尤其是黃河以北，遠及東北各省，更是寒冷，河流的冰凍時期也很長，有的年份，會從夏曆的十一月下旬開始，一直到第二年的四月上旬，河上都結冰，當這小寒、大寒的時候，冰河上的交通，是用一種功能如雪橇，名叫「扒犂」的工具，由馬或犬拖著，在上面奔馳，也有的是由人站在上面，像撐船一樣，用竹竿撐過冰河，比在水中橫渡，快速得多，而在冰厚的區域，則有人設立冰床，供往來的客人乘坐，在冰上滑行如飛。

大寒

「大寒」顧名思義，這自然是一年之中，應該最冷的節氣。亦是二十四節氣中，最後的一個中氣。亦即是暮(季)冬時節。在農業生產上，最希望這個時候下大雪。尤其以中原地帶爲然，最好在這日的前後，下三場大雪，名爲「見三白」。所以，在中原一帶的大寒農諺說：「大寒三白定豐年。」又說：「大寒早三白，農人衣食足。」在北方亦有農諺道：「要宜麥，見三白。」遠在唐代，即有這種觀念了。張文成所著記載唐代的筆記「朝野僉載」中就說：「一臘見三白，田公笑赫赫。」的描寫。這些諺語，實際上充滿了自然科學的原理，因爲在暮冬季節下了大雪以後，蟄伏在泥土下面冬眠的蟲類以及它們所產的卵，都被凍死，次年就不會有蟲害了，農稼必定豐收。因此有「雪花希六出，先兆豐年」的預言，即在長江以南，也一樣的盼在這時下雪，江南的農諺說：「江南三尺雪，人道十年豐。」又清嘉錄記載：「臘月雪，謂之臘雪，亦曰雪，殺煌蟲子，主來年豐稔。」

㈦芒神與春牛

芒神，亦就是句（音鉤）芒神。句芒，本來是古代主管植物草木的官，又以木爲神。據說黃帝的孫子顓頊高陽氏治理天下時，命木、金、水、土、火五官，給少昊的兒子名重的爲木正，名爲「句芒」，這是芒神之始，其餘金正名蓐收，水正名玄冥，土正名句龍，火正名祝融。這五官在歷代，都有祭祀的典禮。

禮記月令篇上則說：孟春元月，其神句芒。同時注解說：句芒，木神也。因爲木在初生的時候，句屈而有芒角，所以叫作句芒，這就更合於情理了。

相沿下來，到了清代的制度，在每年的夏曆六月，就由順天府，移交給管理天文的欽天監，去推算決定下一年的芒神和春牛（又名土牛）的形式、服色，繪好圖，並塑造出來，在立春的日子，送進皇宮中，作爲迎春大典時應用。

欽天監們，又如何去推算芒神和春牛？那是日者以年歲、日、月干支及陰陽、五行、八卦和五色方位的關係而推算的。

「日者」這一行業，最早在春秋時代。史籍上記載：墨子去北方的齊國，在路上遇到一位日者，對墨子說：今日天帝在北方殺黑龍，你先生的膚色那麼黑，對你不利。墨子不相信他的話，繼續趕他的路，一直到了淄水，真的不能如願，而回到南方。

在漢朝司馬遷著的史記中，有「日者列傳」，傳中一開始就說：太卜之起，由漢興而有。其實，在更早的周禮中就有了太卜之官，掌玉、瓦、原三兆之下。但到了漢代，則更被重視，而在民間操此術的，就名爲日者。

那麼以前的欽天監，現在的日者，每年制定春牛和芒神的方法，在帝京景物略中，有這樣的記載：

日短至，辰日，取土、水、木於歲德之方。木以桑柘。身、尾高下之度，以歲八節(春夏秋冬的四立及兩分兩至)，四季，日十二時。踏用府門，左右以歲陰陽。牛口張，合，尾左右繳，芒立左右，亦以歲陰陽。以歲干支納音之五行，三者色，爲頭、身、腹色。日三者色爲角、耳、尾；爲膝，脛爲蹄色。以日支孟、仲、季，爲籠之索。柳鞭之結子，爲蔴、苧、絲。牛鼻中木曰拘脊子，桑柘爲之，以正月中宮色爲其色也。

芒神的服色：以日支受尅者爲之。尅所尅者，其繫色也。歲孟、仲、季，其老、壯、少也。春立於元旦前後五日，中者是農忙也。過此之前農早忙，過後農晚閒也。而神並乎牛，前後乎牛，分之。以時之卯後八曰煥，亥後四曰寒，爲罨耳之提且戴。以日納音，爲髻平梳之頂，耳前，耳後。爲鞋袴行纏之懸著有無也。

例如民國七十八年己巳的立春，是在元旦前兩天，即是在夏曆七十七年十二月二十八日乙未的寅時。所以春牛芒種的服色就是：春牛高四尺、長八尺，尾一尺二寸，尾右繳，頭黃色，身紅色，腹青色，角、耳、尾皆青色，脛黃色，蹄白色，口合，白色絲繩拘籠，脚踏懸門右扇。

芒神則是：身高三尺六寸五分，老人，衣青色，黃腰帶，平梳兩髻耳前，罨耳全戴，揭起左邊行纏，鞋袴俱全，鞭杖柳，長二尺四寸、並立牛右。

(八)二十八宿的認識

宿——星次，史記律書，七區二十八宿，即二十八宿之所舍

二十八宿——我國古時天文學家分周天之恆星爲三恒二十八宿，而以諸座附之。淮南子：「五星、八風、二十八宿」——（東方蒼龍）角、亢、氐、房、心、尾、箕。（北方玄武）斗、牛、女、虛、危、室、壁（西方白虎）奎、婁、胃、昴、畢、觜、參（南方朱鳥）井、鬼、柳、星、張、翼、軫。四方各七宿，共二十八宿。

角——一等星，色白。史紀天官書說：左角李，古角將。星經說：角二星爲天門。但又說：左角爲天田，右角爲天門，中間爲天關。觀象玩占說：

「角二星為天關，蒼龍角也，一日維首，天陳、天相、天田，金星也。」

亢——有星四，皆室女座中三等星，禮記月令象說：仲夏之月，昏、亢中。

氐——有星四，均屬天秤座，其四星之一即天秤座的主星，禮記月令篇說：季冬之月、旦、氐中。爾雅說：天根氐也，就是說角與亢的下面，連接的是氐，如植物的有根。星經則說：氐四星，為天宿宮，一名天根，又名天府，木星。

房——有星四，屬天蝎座，晉書天文字說：房四星為明堂，天子布政之宮也，又名農祥。國語及周語中說「農祥晨正。」意思就是說「農祥」為房星，「農正」為立春之日，而辰中於午，又說：房星在正月中，見於南方，是農事之祥，所以又稱作農祥。

心——有星三，亦屬天蠍座。詩經唐風綢繆章中的「三星在天」，即指此三星，豳風七月章中的「七月流火」，亦是指此心宿，左傳襄九年紀載「

心爲大火」及昭元年紀載「遷閼伯於商丘，主辰（大火也），商人是因，故辰爲商星。」而禮記中則在月令篇中介紹說：「季夏之月，昏、火中。」在現代天文學中認定心宿爲一等星，赤色。

尾——有星九，屬天蠍座，禮記月令篇載：「孟春之月，旦、尾中。」因爲尾宿是蒼龍七宿的第六宿，所以左傳僖五羊紀載「龍尾優玩」的天象，注解說「龍尾，尾星也，而觀象玩占這部以天象卜占的書上亦說：「尾九星，蒼龍尾也。一日析木。」

箕——爲蒼龍七宿之末，有星四，屬西方現代天文學人馬座，又名南箕：在詩經小雅大東章說「維南有箕，不可以簸揚。」并闡說：「二十八宿，連四方爲名者，惟箕、斗、井、壁四星而已，箕、斗並在南方之時，箕在南而斗在北，故言南箕北斗。」又史記天官書說：「箕爲敖客，曰口舌。」在風俗通上則說箕宿是風師，因爲它主簸物，能致風氣。

斗——是北方玄武七宿之首，有星七，爲西方現代天文之人馬座所屬。

亦稱北斗。詩經小雅大東章說：「維北有斗，不可以挹酒漿。」晉書天文志說：「北方南斗六星，天廟也。又曰天機。」同時又說：「相一星，在北斗南，相者，總領司日，而掌邦教，以佐帝王安邦國。集衆事也，」所以後世以斗南星爲宰相的代名詞。而古時依北斗星而節時，稱斗柄（即北斗七星的第五到第七的三顆）所指之辰叫作斗建。據漢書律曆志說：「斗建下爲十二辰，觀其建而知其次。」淮南子的天文篇更具體地說：「紫宮執斗而左旋，日行一度，以周於天，十五日爲一節，以生二十四時之變，斗指子爲冬至，指癸小寒，指丑爲大寒。」餘類推，也是依據地球繞日自轉，從地球上看到北斗斗柄所指方向度數而定的一年二十四氣節。

牛——有六星，均屬西方現代天文摩羯座。禮記月令篇說：「季春之月，旦，牽牛中；又仲秋之月，昏、牽牛中。」史記天官書說：「牽牛爲犧牲。」

女——有星四，其三屬西方現代天文寶瓶座。禮記月令篇說：「孟夏之月，旦，婺女中。」

虛——有星二，一位於西方現代星座之寶瓶，一在小馬座。禮記月令篇說：「春秋之月，昏、虛中。」爾雅釋天篇則說：「玄枵，北陸，顓頊之虛，皆虛。」

危——有星三，第一星即寶瓶座，幾在天球赤道，禮月令說：「仲夏之月，旦，危中。」孟冬之月，昏，危中。」晉書天文志載：「危三星，主天府，天市，架屋。」史記天官書亦說：「危爲蓋屋。」

室——有二星。禮月令說：「孟春之月，日在營室。」詩經鄘風篇：「室之方中，作於楚宮。」定即是北方之宿，爲營室星，也即是室宿，又叫作豕韋，但是觀象玩占說：「室二星，一曰營室，一曰定星。」

壁——有星二，屬二等星。禮記月令篇說：「仲冬之月，昏，東壁中。」觀象玩占說：「壁二星，日東壁，圖書之府。」

奎——是西方白虎七宿的首宿，有星十六，對西方星座而言，此十六星九屬仙女座，七屬於雙魚座，禮記月令篇說：「季夏之月，旦，奎中。」又孝經援神契說：「奎主文章。」因爲奎是屬曲相鉤，似文字的筆畫，所以說這星是主文章的，後世的讀書人，爲求文章做得好，能考取功名，便祭祀奎星，而各級行政組織的中央、省、州、府、縣的文廟——孔廟，都附有祭祀奎星的「奎星樓」或「奎星閣」，或稱「魁星」，而史記的天官書則說：「奎日封豕，爲溝瀆。」解釋說：「奎，天之府庫，一曰天豕，亦曰封豕，主溝瀆，西南大星，所謂天豕目。」溝瀆爲田間水道，今爲水利

婁——有星三，在西方現代星座之白羊座，禮記月令篇說：「季冬之月，昏，婁中。」史記天官書說：「婁爲聚衆。」而晉書天文志亦說：「婁，三星，爲天獄，主范牧，犧牲，供給郊祀，亦爲興兵聚衆。」

胃——有三星，屬白羊座。觀象玩占說：「胃三星曰大倉。」

昴——有星七，尚書堯典說：「日短星昴，以正仲冬。」爾雅釋天說：「大梁昴也。」又說：「西陸昴也。」史記天官書，則以昴爲髦頭，是胡

星，爲白衣金，俗又稱昴宿爲昴星團或七姊妹星團，或上曜星，其中六星，很容易看到，晦夜可看到九星，其實用高倍度望遠鏡觀察，可看到是數以百計的小星密集而成，光度最佳的是昴宿第六星，有的天文家稱它爲「中心太陽。」又緯書認爲漢高祖的宰相蕭何，是昴宿之精。因此後世往往用「昴降」一詞，以譬喻顯貴者的誕生。像詩人韋莊，在江西餘干縣琵琶川的感舊詩中，就有「已覺地靈因昴降，更聞川媚有珠生。」的句子。

畢——有星八，其中第五星最亮，爲一等星，赤色，亦即現代西方天文學金牛座的第一星，所以又名金牛目，此星離地球較近，爲二十七光年，（一光年的距離，約爲九萬四千五百五十億公里），西曆一月十日下午九時中天，此時的高度爲七十度，但禮記月令篇說：「孟秋之月，旦，畢中。」而晉書天文志載：「畢，八星、主邊兵、其大星（即畢宿五）日天高，一日邊將。」詩經小雅說：「有捄天畢，載詩之天。」爾雅釋天也載有「濁謂之畢」的話，此宿所以名畢，是因爲它的形狀，像古代捕捉兔子的工具，長柄的網，和現代捕捉蝴蝶的網相似，所以詩小雅說：「畢，所以掩兔也。」禮記月令說：「罔小而柄長，謂之畢。」於是說文段注：「田獵之罔也。」所以後世凡是捕捉小的鳥獸的長柄網，向下覆捕，都叫作「畢」。或叫作「濁」。

觜——有星三。禮記月令說：「仲秋之月，旦，觜觿中。」史記天官書說：「參爲白虎，小三星隅置曰觜觿，爲虎首，主葆旅事。」因爲觜爲西天（白虎）的第六宿，而在虎首，所以有此說法，而所謂「觜觿」，即是玳瑁一類的龜形動物。

參——首先要注意的，這個字在這裡，應讀作「深」（ㄕㄣ）的音。參宿是西方白虎七宿的末宿，有七星，係現代西方天文的獵戶座，禮記月令篇載：「孟春之月，昏，參中。」尚書旋璣鈴說：「參爲大辰，主斬刈。」史記天官書的說法是：「參爲白虎。」廣雅則更說：「紫宮參伐謂之大辰，參謂之實沈。」這裡所說的實沈，是人名，據左傳昭元年記載說：上古時代，唐堯之前黃帝的曾孫帝嚳，即高辛，有兩個兒子，長子名閼伯，次子名實沈，兩兄弟不和，常相互作戰，所以帝嚳把長子閼伯遷移到商丘，把實沈遷移到大夏，兩兄弟離得遠遠的，便無法相互戰鬥，而閼伯主辰爲商星，實沈主參，而爲參星。後世的人，對於不和睦的兄弟，便譬喻爲參商二星，因爲我們在地球上，當看得見參星時，就看不到商星，當看得見商星時，就看不到參星，所以唐人杜甫的詩中，就有：「人生不相見，動如參與商。」的詩句，以感傷在亂世之中，兄弟不能相見的痛苦。

井——朱雀七星的首宿，有星八。史記天官書說：「南宮朱雀權衡，東井爲水事。」博雅載：「東井謂之鶉首。」晉書天文志：「南方東井八星，天之南門。」所謂的「鶉首」，天文志上更說：「自東井十六度，至柳八度爲鶉首，於辰在未，秦之野屬雍州。」

鬼——有星四，星光皆暗，中有一星團，晦日可見。叫作「積尸氣。」史記天官書說：「輿鬼鬼祠事。」博雅說：「輿鬼謂之天廟。」晉書天文志則說：「輿鬼五星天目也。」而觀象玩占，則有更詳細的描述：「鬼四星，日輿鬼，爲朱雀頭眼，鬼中央如粉絮者，謂之積尸，一日天尸，如雲非雲，如星非星，見氣而已。」

柳——有星八，禮記月令篇：「季秋之月，旦，柳中。」爾雅釋天：「咮謂之柳；柳，鶉火也。」漢書天文志也說：「柳爲鳥喙，主草木。」而晉書天文志則說：「柳八星，天之厨宰也。」不過漢書上說的「柳爲鳥喙。」有人提出意見，因爲在古文裡，獸類的嘴才叫作「喙」，而鳥類的嘴叫作「啄」，而古文中的「喙」字和「咮」是同聲通用的，所以漢書上的「喙」字，應該是「啄」字之誤。

星——是朱鳥七宿的第四宿，有星七，其中六星，屬於西方現代天文學中的長蛇座，而其另外一星，則孑然獨照，爲二等星，以光度而言，爲二等星。禮記月令篇說：「季春之月，昏，七星中。孟冬之月，旦，七星中。史記天官書說：「七星，主急事。」觀象玩占則說：「鳥旗七星，以象鶉火。」本來，宇宙的星球，總名爲「星」，但在此，則專指二十八宿中的一宿而已，並非總稱的「星」或「星宿」。

張——有星六，亦都在西方的「長蛇座」中。觀象玩占說這一宿六星爲天府，或御府，或天昌，又說因爲它是朱鳥的嗉，而「嗉」就是鳥類頭部內的「嗉囊」。但是廣雅却說：「張謂之「嗉尾」，而史記天官書與漢書天文志都說張宿爲嗉、爲厨、主觴客。

翼——是二十八宿中星數最多的一宿，共有二十二星，但其中有六星，光度極小，非肉眼所易見。禮月令篇說：「孟夏之月，昏，翼中。」史記天官書說：「翼爲羽翮，主遠客。」晉書天文志則說：「翼，二十二星，天之樂府，主俳倡戲樂。」

軫——史記天官書說：「軫爲車，主風。」禮記月令篇說：「仲冬之月，旦，軫中。」這是二十八宿的最後一宿，有四星，其中二星，一黃色，一紫色，都可以用小望遠鏡看清。

註：夏曆，一年四季，每季三月，第一月爲孟，第二月爲仲，第三月爲季。如夏曆正月（寅月）爲孟春，四月爲孟夏，餘類推，又日入地平線後漏三刻爲昏，日出地平線前漏三刻爲旦。禮記月令篇中，每載：「某月，旦或昏，某宿中。」即指此宿在中原視之，位於中天的意思。

黃曆一書所以將二十八宿列入，是因爲宇宙間，星球雖然衆多到無可計數，但所有星球之間，都相互有影響，相互有關連，如磁場、光、熱等等，都有其相互的作用與功能。

對於我們人類所生存的地球而言，受到太陽、月球、八大行星——金、木、水、火、土、冥王、海王、天王等星的强烈影響之外，而在更遙遠的恒星羣——宿，亦同樣給予地球重要的影響，其物理性的作用與功能，在在與地球及地球上的生物，息息相關。

人類，是地球上無數生物中的一種，我們自己的生存與生活，也受到二十八宿的影響，不止是二十八宿，就以彗星而言，早在三千年前，我們的老祖先，就發現了慧星對地球人類不利影響一面，而西方的科學家們，最初是茫然不知，且由於他們的無知，反誣我們爲迷信，一直到近年彗星再現，西方科學家們，不得不承認彗星對人類精神情緒上的影響。

關於二十八宿對地球人類的影響，依據我中華文化典籍所記載的加以整合、組織、闡述，可以成爲一部巨著，這是專家學者的事，亦非本文所能及，不在此多談，但可略舉一簡單而具體的事實來作說明。

假如我們處身在四望無際的海或沙漠，或無人烟的萬山之中，能夠懂得觀察星象，即使是在沒有月光的黑夜，祇須抬頭一看星宿，就不會迷失方向，亦知道當時的季節、月份、日期、時間，乃至能預測到風、雨、晴，而更可應用到軍事用兵上。

這就是黃曆列入二十八宿的道理。

附星宿圖二幅如下：

北半球星宿圖

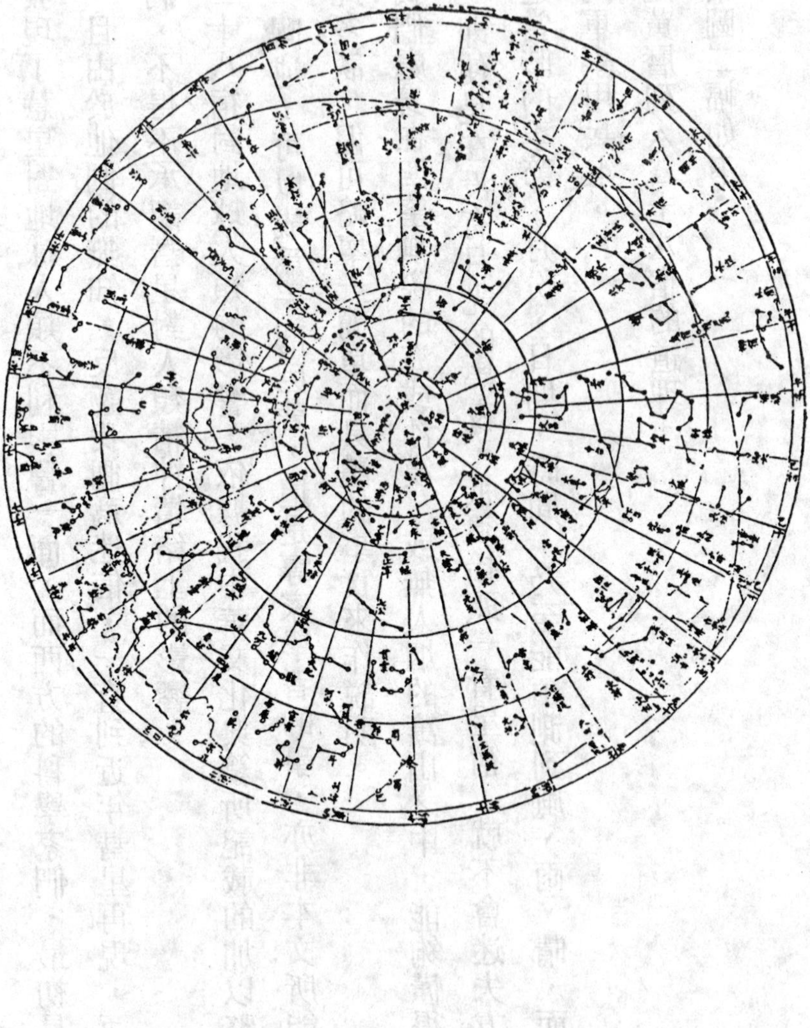

南半球星宿圖

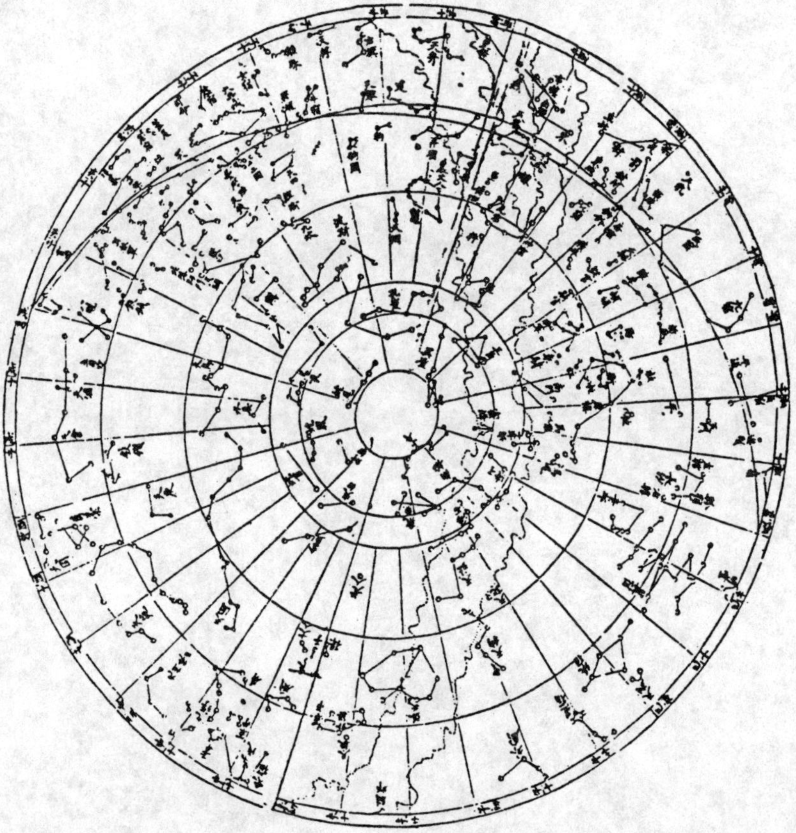

㈨十二值位

所謂的十二值位，亦可以稱之爲十二值日。我們的曆法，在月中的紀日，是依據月球繞地球的躔度而定。具體而言，是地球看見月滿之日爲望日，即月之十五。在地球看不見月球之日爲朔，即月之初一。而在年中紀月，則是依據地球繞日的「黃道」躔度而立，於是分了二十四節氣。以冬至爲中心日計實，大寒至小寒間爲子月，小寒至立春前夕爲丑月，換言之，大雪起爲子月、小寒起爲丑月、立春起爲寅月、驚蟄起爲卯月、清明起爲辰月、芒種起爲午月、小暑起爲未月、立秋起爲申月、白露起爲酉月、寒露起爲戌月、立冬起爲亥月。

現在，我們因爲便於農作，選用了夏禹時候，以寅月爲第一個月的方法，所以稱現代的曆法爲夏曆，已在前面說過了。

所謂十二值位的名稱及次序如下：

一建、二除、三滿、四平、五定、六執、七破、八危、九成、十收、十一開、十二閉。

那麼，我們就很容易知道，這十二值位，和一個月中，各日的關係了。即是說，在子月裡，將建位爲「子」日相配合，然後依十二值位的次序，相配合即成，這配合從月之第一日，即立春節日開始，到次月節日前一天爲止，於是每月的每一個日子的值位，都搭配上了。

現在的問題是：每年的十二個月，以十二支相配，恰好是不動的，年年如此，但天干只有十個，又如何知道每月天干的變化呢？

我們已知道，現在實行的夏曆，正月已固定其地支爲寅，那麼每逢年的天干爲甲或己時則正月爲丙寅，爲乙或庚年時正月戊寅，丙或辛年時正月爲庚寅，丁或壬年時正月爲壬寅，戊或癸年時，正月爲甲寅，知道了正月的天干，其餘十一個月，就可順序排下去了。

推算每天十二時辰的方法，也是一樣的，甲、己之日的寅時爲丙寅。

(十)宜忌

宜忌之説，最早見於禮記，據月令篇廣義載：「甲寅、乙卯，日月合，宜造作、嫁娶。丙寅、丁卯，陰陽合，宜營居，戊寅、己卯，人民合、宜嫁娶、謁會，庚寅、辛卯，金石合，宣鑿、琢、鑄、陶，壬寅、癸卯，江河合，宜遠行、捕獲。」

後世由陰陽、五行、干支的發展，於是衍譯成了，依據二十八宿、十二值位，於時日干支而推算的行事宜忌，休咎、吉凶、禍福。其斷法，分作兩方面，一方面是指這一天的宜忌，一方面是斷逢此星宿，值位出生的人，一生的宜忌，星命家的推斷大略如下：

二十八星宿行事吉凶表

角：婚禮、旅行、穿新衣、立柱、安門、移徙、裁衣吉。葬儀凶。

此日出生之人，壯年時多爲妻子勞苦，至晚年萬事如意。

亢：婚禮、播種、買牛馬吉。建屋凶。

此日出生之人少福祿，到老愈凶，若不奢侈而持和平者，老而得榮。

氐：婚禮、播種吉。買田園、造倉吉。葬儀凶。

此日出生之人福祿豐厚，願望如意，到老愈榮。

房：祭祀、婚姻、上樑、移徙吉。買田園、裁衣凶。

此日出生之人有威德，有福祿，少年雖吉，到老不吉，是要修德行。

心：祭祀、移徙、旅行吉。裁衣、其他凶。

此日出生之人雖有逢火災、盜難，但福祿豐富，稱心如意。

尾：婚禮、造作吉。裁衣凶。

此日出生之人，雖有福祿，但有時逢火難，失財之慮，要慎重之注意。

箕：開池、造屋、收財吉。婚禮、葬儀、裁衣凶。

此日出生之人住所不定，年老有災，若有憐憫愛護他人之心，反可得福。

斗：掘井、建倉、裁衣吉。

此日出生之人雖屬薄福之人，但有才能，受賢良之所愛而得福。

牛：萬事進行大吉。

此日出生之人雖有福祿，而屬短命，若長壽必貧。只要正直行善敬神佛自得庇佑。

女：學藝吉。裁衣、葬儀、爭訟凶。

此日出生之人薄福又好與人爭論，而惹禍多有眷族之累要謹慎作善以補之。

虛：不論何事，退守則吉。

此日出生之人薄福又好與人爭鬬，而惹禍、萬事要慎重注意。

危：塗壁、出行、納財吉。其他要戒慎。

此日出生之人希望可得達成。行善多則吉。

室：祭祀、婚禮、造作、移徙、掘井、請負吉。其他要戒慎，葬儀凶。

此日出生之人，少年不好，老而有望，旅行中往往有失物之慮，要注意。

壁：婚禮、造作吉。往南方凶。

此日出生之人一生多病，而短命，但心正而愛人，節飲食者，可保長壽。

奎：出行、掘井、裁衣吉。開店、新築凶。

此日出生之人雖是長壽，老而多凶，但謹慎憐人者可以避之。

婁：請負、造庭、裁衣、婚禮吉。往南方凶。

此日出生之人少年雖有凶，老而有福祿，若放蕩變爲貧窮之命。

胃：公事吉。私事、裁衣凶。

此日出生之人，少年時多病弱，諸事不如意，但老後皆順適。

昴：萬事大吉。裁衣凶。

此日出生之人，少年時代多勞苦，老後多幸福，諸事皆順適。

畢：造屋、造橋、掘井、葬儀吉。裁衣凶。

此日出生之人，一生不得福祿，願望難成，事事若謹慎、正直，而行善道，反爲得福。

觜：大惡日，萬事凶。

此日出生之人，一生住所不定，至老愈凶，若有慈善心，而施陰德者，反得平安幸福。

參：婚禮、旅行、求財、養子、安門吉。裁衣、葬儀凶。

此日出生之人，一生能保福祿、長壽、萬事稱心如意，若驕必破財。

井：祭祀、掘井、播種吉。裁衣凶。

此日出生之人，一生妻子薄祿，但老年萬事如意，對貧者施捨有報。

鬼：婚禮凶。往西方亦凶。其他無妨。

此日出生之人少年時多勞心，但老後如意。

柳：造作、婚禮吉。葬儀凶。

此日出生之人，一生有福祿，但多好與人爭鬭，須要謹慎。

星：婚禮、播種吉。葬儀、裁衣凶。

此日出生之人，多福，萬事如願，但老後多勞心。

張：裁衣、婚禮、祭祀、祝事吉。

此日出生之人，能立身振作，願望達成，又有官祿得祿之兆。

翼：百事皆不利。大凶。

此日出生之人，一生多貧，不貧則夭，所以要修身行道天必賜福。

軫：買田園、掘井、婚禮、入學、裁衣吉。向北方旅行凶。

此日出生之人，一生多福，愈老愈得厚福。

十二值位作用吉凶表

建：上樑、入學、結婚、動土、立柱、醫療、出行吉。掘井、乘船凶。

除：祭祀、藥之調合吉。婚禮、出行、掘井凶。

滿：嫁娶、移徙、裁衣、開店、祭祀、出行、栽植吉。葬儀凶。

平：嫁娶、造屋、移徙、裁衣、相談吉。掘井、栽植凶。

定：祭事、嫁娶、移徙、造屋、傭人、買牛馬吉。訴訟、出行凶。

執：萬事執斷吉。造屋、播種、嫁娶、掘井吉。移徙、出行、開庫凶。

破：出獵吉。此日大凶。諸事不吉。

危：諸事不吉，登山、乘車、乘船、出行凶。

成：萬事成就之日，造屋，嫁娶、入學、出行、開店、播種吉。訴訟、爭鬪凶。

收：入學、嫁娶、造屋、買賣、移徙、播種吉。葬儀、出行、鍼灸凶。

開：入學、嫁娶、造屋、移徙、開業、願望成就吉。葬儀不淨之事凶。

閉：萬事閉塞之日，築堤、埋池、埋穴吉。開店、出行、其他凶。

(十一)尾語

常常有人來問：「信不信算命、看相、風水、卜卦這些事情？」我的答覆是：如果說某甲或某乙的此術最靈，我不一定會全信，而對於我國這些所謂陰陽家的學術，我認爲是對的，是科學的。只是今日之以此術行於世的人，是否已經完全徹底瞭解了這類學術的道理，則不妨暫時存疑，也許和我一樣，還是一個半吊子，乃至於僅知其一二而已。

就算命一項來說，試舉一個最淺顯的譬喻。我們買回來一個木瓜，剖開吃了以後，木瓜內有數以百計的木瓜種子，分別在不同的時間，種在不同的地方。若干時間以後，有的發芽生長，有的就在泥下腐爛。已發芽的，有的半途枯萎，有的繼續生長，而生長快慢又不一，開花、結果又各有先後，即在後來同在一棵木瓜樹上，結出來的木瓜，又會形狀不一，顏色不一，大小不一，甜度不一。因爲它們受了日曬、月照、風吹、雨潤、土壤、肥料、蟲傷、寒暑，許多因素的影響，換言之，雖同是一枚木瓜中出來的種子，但受了天然、時間、空間、地球及宇宙其它星球、生物以及人爲的影響，而成爲不同的果實。又如茶葉，同一座山上的茶園，在東側或南側的茶葉，就優於山之西面或北面的茶葉，而「橘逾淮而枳」，更是千百年前的證言了。

這是動物、植物爲宇宙間生物之一類，而動物也爲宇宙間的生物，同是生物，所以情形一樣，爲什麼有馬來猴與台灣猴之別，爲什麼美洲虎、印度虎、非洲虎又各不相同，又爲什麼四川有熊貓，而他處則無，不外就四川氣候等等宇宙大自然的影響。

人類亦是動物之一，自然也擺脫不了大自然的影響。最明顯的，就有面貌五官的異樣，髮膚瞳孔顏色的不同。而人類在西方有「人與天爭」之說，在中國也有「人定勝天」之說。「人與天爭」只是人類自己吹牛。「人定勝天」也只是對處逆境者的安慰鼓勵語而已。由於自然科技的發達，人類已經登上了月球。於是人類更狂傲的說，人戰勝了天，然而，曾幾何時，同樣是搞自然科學的人，却已經在大聲疾呼：「地球只有一個！」科技過份的發展，攪亂了大自然的規律，人類的生存開始受到威脅了。人定能依靠科技勝天嗎？所以有遠見的人，早已經說過：「現代以唯物爲基礎的西方自然科技，只爲人類帶來了方便，並未爲人類帶來幸福，或且將會爲生物界帶來莫大的禍害。足證人類仍然擺脫不了宇宙大自然規律的影響。

而對人算命等等一類事，正如我們在木瓜樹下，對樹上剛結出來的木瓜，依據其種子的品類，種植的位置、生根的土壤、施用的肥料、日曬、月照、風向、雨水等等因素，去研判它的生長。而如何去培養得更好，是同一個道理。而人依所謂八字算命，就是依據此人出生的時間，即在此時，地球與宇宙各星球，包括日、月、木、火、土、金、水及二十八宿等星球的距離、角度、磁場相互的關係，寒暑等而推算，與在木瓜樹下觀察木瓜，是同一個道理，所以對這一學術是相信的。

至於說，我又不完全相信某人的推算最靈。仍以算命來說，現在的算命之術，只依據出生的年、月、日、時所綜合成的因素來推算，無論子平算法也好，紫微斗數算法亦好，都是如此，仍是不夠的。一個人出生的地點，出生時母體所向的方位，受胎、成胎的時間，出生的情況(如產於褥或墮於地，接生者爲男爲女等)乃至父母的生辰等等，都是決定今後命運的因素，而此等因素，每不易知，所以，縱是極高明的陰陽家，僅依據生辰八字推算命運，亦無法達於絕對地準確。

猶有進者，人之命運，是可以改變的，縱然到了老年，亦還可以做得到。正如已採下的果實，經過一番處理，仍然可以保鮮、變豔、增甜。或處置不妥而變壞，如何改變命運，以現代科學來說，心理影響生理，只要存心善良，多做善行，自己的心神便能時時刻刻保持平安清明，於是在生理上自然疾病少，處事時能夠平實，則災禍自然不生，所以每有人來要求我爲他們算命時，我多勸他們讀「了凡四訓」這本書，所以袁了凡之改變自己命運，實在不是迷信，而是一種堅强的善良信心，改變了有形的生活。

個人命運如此，社會興衰的集體命途也然。以古代帝王的社會而言，帝王之命運當然是好的，如帝王家的風水，以其權勢，當然找得到最好的風水，但從來没有一個朝代是萬萬歲的，而每當有了天災人禍之時，帝王便齋戒祈禱，自責失德，并在施政上有所改革，減賦免稅濟貧解厄等增進百姓福祉，便得中興，否則橫征暴斂，殘害生靈，必遭滅亡，從現代的政治學、社會學看，也離不開這一原則，我們又豈可視昔日帝上之祈天爲迷信。

所以我們認爲，中華傳統文化中的術數之學，並非迷信，實爲最好的科學。是綜合了人文與天文、地理——人類與大自然關係的科學，精神法則與物質法則融合的科學。而優於西方現代僅以唯物法則爲基礎的科學。所不同的在於治學的方法不同，我中華民族的治學方法是歸納的、綜合的，將宇宙的萬象萬事，歸納成陰陽五行、八卦、十天干、十二支等等，相當於表徵各種事物功能性質的符號，而予以錯綜複雜的關係，以解釋、處理人類所面對的事實，如易經所說，成爲了「彌綸天地之道」。而現代西方的所謂科學，是將一事一物，予以演繹、分析，而愈分愈細。遂形成數不清只能治一門的所謂專門之學，也即是只專一門，却離根本愈來愈遠。而結果是有一利，則必有一弊，這在人類心身之學方面——醫療衞生方面的事實，最爲顯著。

因此，希望國人，除了注意西方自然科學的發展以外，同時回過頭來多多研究自己的傳統文化，待有所得，同時與西方的科學，融會貫通，相互結合，一定能夠迎頭趕上西方的科技，切不可等待西方人研究我們的文化，予以肯定之後，才跟著別人肯定自己，倘使這樣下去，則我們不但在西方自然科學上，永遠跟在別人後面，難望別人之項背，亦且將永遠爲文化的奴隸，而被人同化。